Christina van Straaten

Zwillinge

Liebe, Lust & Partnerschaft

Inhalt

1. Astro-Profil
Die Sterne stellen vor:
Die Zwillinge

Ihr Element ist die Luft. Und das bedeutet nicht nur Flexibilität, sondern auch Schnelligkeit und Tatendrang eines offenen und unverstellten Wesens.

Ihr Planet ist der Merkur, der mit logischem und praktischem Verstand und reiner Vernunft sein Zepter führt.

Ihr Weg führt sie in unbekannte Gegenden, wo sie allerdings nie lange verweilen, schon sind sie wieder unterwegs.

Die Grundenergie
der Zwillinge-Seele

Im dritten Tierkreiszeichen, dem der Zwillinge, zeigt sich die Sonne bereits zu einer Zeit, da sich auf der Welt die zarten Farben des Frühlings durchgesetzt haben. Voller Energie treibt die Natur auf einen blühenden Höhepunkt zu. Neben treibenden Knospen reifen auch schon erste Fruchtansätze. Die Tage sind lang, hell und warm. Voller Neugier und Tatendrang bricht sich das Leben auch aus den letzten Winkeln Bahn und drängt an die Oberfläche. Vorbei ist alle Vorsicht.

Dennoch sind Zwillinge nicht unvernünftig. Der Unbesonnenheit des Stiers, an den sie in der Folge der Tierkreiszeichen anschließen, begegnen sie vorwiegend mit Vernunft. Damit ausgestattet hat sie Merkur, der sie beherrschende Planet. Zwillinge können logische Argumente schlagfertig vorbringen.

10

Die Zwillinge sprühen vor Energie, wollen Menschen und ferne Welten kennen lernen, sind unvoreingenommen und vielseitig. Zwischen Vernunft und Gefühl hin und her schwankend, wohnen zwei Seelen in ihrer Brust. So treiben Zwillinge sich und andere voran.

Die Zwillinge und ihre Aufgabe im Leben

Polydeukes ist, nach der Mythologie, der Sohn des Göttervaters Zeus, der als Schwan mit Leda eine Liaison hatte. Kastor ist der Sohn des spartanischen Königs Tyndareos, des irdischen Ehemannes von Leda. Die beiden Halbbrüder taten alles gemeinsam. Dem ungleichen Zwillingspaar wurde aber nachgesagt, dass zwei Seelen in ihrer Brust herrschten. Der ständige Wechsel ihres Aufenthaltsortes – zum einen in der griechischen Unterwelt, dem Hades, zum anderen im göttlichen Olymp – unterstützte den Hang der Zwillinge zum häufigen Stimmungswechsel.

Die Zwillinge sind Luftwesen. Luft ist das Element mit dem geringsten Widerstand. Das kommt dem Bewegungsdrang der Zwillinge, ihrer Schnelligkeit, ihrem Veränderungswillen, aber auch ihrer geistigen Flexibilität sehr entgegen. Anders als der Wassermann, bleiben sie jedoch nicht lange bei der theoretischen Veränderung, der Planung, den denkbaren Möglichkeiten stehen. Zwillinge sind praktischer veranlagt, denken in großen Zusammenhängen, wollen sofort umsetzen, konkret werden, Neues schaffen. Zwillinge sind ständig dabei, Aufgaben zu lösen, wobei sie sich nie lange bei verschiedenen Varianten aufhalten. Sie überraschen gern mit Ergebnissen, Zweckmäßigkeit steht im Vordergrund.

Zwillinge wissen von vielem wenig, wollen von immer mehr immer weniger wissen, bis sie von allem gar nichts wissen.

Zwillinge können sich nicht lange am Erreichten erfreuen, sie müssen weiter, wieder neue Aufgaben lösen. Dabei brauchen sie immer Menschen um sich, die ihnen Aufmerksamkeit und Anerkennung schenken, dann sind sie unbeschwert, witzig, wortgewandt und ideenreich. Eingeengt, zum Beispiel im häuslichen Rahmen, offenbaren Zwillinge aber auch andere Seiten. Sie können launisch, unbeherrscht, eigensinnig und rechthaberisch sein. Solch ein Stimmungswechsel ist bei Zwillingen immer einzuplanen, er erfolgt oft ganz plötzlich und unerwartet, dennoch lassen sie sich nie die Zeit, lange in so mieser Gemütslage zu verharren, ihr Tatendrang lässt das nicht zu. Ihr Sinn fürs Materielle, für Gebrauchswerte und schnelle Erfolge weist ihnen die Richtung, sich nützlich zu machen und in Bewegung zu halten. Ärmel hoch und zugepackt, lautet die Devise.

Zwillinge und ihre Gefühle

Wird Gemüt über Geist gestellt, Naturell über Können, entzieht sich die Gefühlswelt der Zwillinge der Beurteilung. Denn Gemüt hat, ihrer Ansicht nach, jedermann, Naturell haben viele. Der Geist ist selten, die Kunst ist schwer.

Zwillinge gelten als äußerst tolerant und offenherzig, oft witzig und unbeschwert. Sie machen aus ihrem Herzen keine Mördergrube und leben ihre Gefühle voll aus. Leben und leben lassen. Sie nehmen es mitunter mit der Treue nicht so genau, denn nur die Abwechslung bringt ihnen wirklichen Genuss. Am liebsten teilen Zwillinge ihre Gefühle mit anderen, und sie teilen sie auch gern mit. Es ist aber schwierig die Gefühlslage von Zwillingen genau zu bestimmen, denn diese kann schnell wechseln. Mit der gleichen Intensität, mit der sie eben noch liebten, können sie im nächsten Augenblick schon hassen. Eine gewisse Labilität, das Vermögen, sich schnell auch gefühlsmäßig auf eine neue Situation einzustellen, erspart ihnen allzu dramatische Zuspitzungen im Leben. Das Gewitter, das sie selbst

12

mitunter durch ihre direkte, wahrheitsliebende Art heraufbeschwören, zieht schnell wieder ab. Ihr sonniges Gemüt vertreibt bald alle Unmutswolken.

Angenehme Gesellschaft ist wichtig für den Gefühlshaushalt der Zwillinge. Gar nicht oder zu wenig beachtet zu werden, kann Zwillinge zur Weißglut bringen und sonst heitere und beschwingte Menschen mürrisch und bösartig werden lassen. Allein sind Zwillinge mitunter ängstlich und unsicher. Sie suchen den Partner. Haben sie ihn aber gefunden, fühlen sie sich stark und selbstbewusst.

Ansonsten sind sie wenig von Emotionen abhängig. Merkur bewirkt, dass sie immer auch den Verstand befragen, ehe sie sich einem Gefühl hingeben. Zweckmäßigkeit bestimmt ihr Wesen, und auch die Gefühle werden kritisch danach befragt. Anstatt sich an eine Träumerei zu verlieren, genießen sie lieber den Augenblick. Romantiker sind sie selten. An der blauen Blume erfreut sie höchstens die Farbe und der Duft. Ihre rationale Ausrichtung vermindert dabei aber keineswegs ihre Genussfähigkeit.

Wie einst der Götterbote Merkur dem Göttervater Zeus zu Diensten war, sind Zwillinge bemüht, ebenfalls nützlich zu sein. Damit beschäftigen sie sich oft und ausdauernd, weshalb ihnen kaum Zeit für Gefühle bleibt. Da sie die Veränderung brauchen, um sich wohl zu fühlen, wechseln sie häufiger als gewöhnlich zum Beispiel ihre Kleidung, räumen öfter in der Wohnung oder am Arbeitsplatz um und verreisen gern und viel. Ihr Seelenleben verstehen sie geschickt diesen Neigungen unterzuordnen.

Der heranwachsende Merkur lenkt als planetarer Herrscher die Geschicke der Zwillinge. Jupiter gibt ihnen Forscherdrang und Lebensfreude mit auf den Weg; Mars unter Umständen Streitlust und eine spitze Zunge.

Zwillinge on the Job

Jobs, bei denen sie ihre Schnelligkeit, ihr globales Erfassen von Zusammenhängen, ihre Neugier und ihre Redegewandtheit unter Beweis stellen können, liegen den Zwillingen.

Seinem Bewegungsdrang kommen beim Zwillinge-Mann Berufe wie Fernfahrer, Pilot, Astronaut, mit Einschränkungen auch Taxifahrer, entgegen. Viele Möglichkeiten bietet das weite Feld der Technik, wobei der praktische Aspekt ganz wichtig ist. Ob Erfinder, Ingenieur oder Programmierer, das Experiment, die Umsetzung und Anwendung ist das Entscheidende.

Zwillinge-Maxime 3:
Nicht am Bürostuhl
kleben, sondern dort
agieren, wo das Leben
tobt – und möglichst,
ohne dabei den Überblick
zu verlieren.

Die Zwillinge-Frau ist auch häufig im Kosmetiksalon, in der Apotheke oder im Optikergewerbe anzutreffen. Sie stellt gern ihre besonderen Fähigkeiten unter Beweis. Geschickt in Wort und Schrift, eignen sich Zwillinge als Journalisten und Literaten, die sich immer neuen Themen und Stoffen zuwenden. Da sie selten Haare auf den Zähnen haben, sind sie geradezu prädestiniert als Verkäufer oder Verkäuferin auch im Außendienst Kunden zu gewinnen. Sie gelten als äußerst kommunikationsfreudig und ohne Hemmungen, deshalb sollte durchaus auch eine Karriere als Politiker oder Politikerin in Erwägung gezogen werden.

Obwohl Vertreter dieses Tierkreiszeichens in finanziellen Dingen sehr geschickt sind: im Bank- und Kreditwesen sind sie seltener anzutreffen; derartige Tätigkeiten sind ihnen bald zu wenig flexibel. Die Börse ist da schon geeigneter. Der ganz große Wurf gelingt ihnen aber kaum, denn sie scheuen das unberechenbare Risiko, das ihnen möglicherweise statt Anerkennung eine Pleite bescheren könnte. Zwillinge sind dabei, das Internet zu erobern; im Aufspüren immer neuer Verbindungen und Kommunikationswege sind sie Meister.

Niemals allein –
Der Zwillinge-Mann

Der Himmel zeigt zwei gleich hell leuchtende Sterne, Castor und Pollux. In diesem Tierkreiszeichen Geborenen ist astrologisch vorbestimmt, nicht allein zu sein. Das ist ein großes Glück, aber auch ein Fluch. Der Zwillinge-Mann hat keine Schwierigkeiten, Partner und Freunde zu finden. Er wirkt immer vergnügt und unternehmungslustig, das macht ihn anziehend. Im Allgemeinen hält er auch, was er verspricht, doch er verspricht nicht sehr viel. Er legt sich selten fest.

Auch vom Typ her kann er mal ganz als Gentleman in Erscheinung treten; aber auch in der Rolle des Hofnarren ist er anzutreffen. Jedesmal liegen ihm die Frauen zu Füßen. Dennoch ist er nie ganz bei der Sache und Gefühle bleiben sowieso meist außen vor. Dabei strebt auch er Harmonie an, fühlt sich zu ausgeglichenen und ruhigen Wesen hingezogen.

Das Wohlbefinden des Zwillinge-Mannes hängt sehr stark davon ab, ob er Menschen um sich hat. Einsam, im stillen Kämmerlein, wird er trübsinnig und launisch.

Eine seiner hervorstechendsten Eigenschaften ist seine Spontanität. Er erfasst sehr schnell eine Situation und hat auch gleich eine Idee, ihr neue Seiten abzugewinnen. Das macht ihn in vielen Unternehmen unentbehrlich. Er hält sich nie lange bei einer Vorrede auf, sondern kommt schnell zu einer Lösung. Wortgewandt kann er überzeugen, auch wenn er am Ende eines Satzes genau das Gegenteil vom Anfang behauptet. Nicht immer gelingt es ihm, diesen Wechsel, die Drehung um 180 Grad, geschickt zu verbergen. Wird der Zwillinge-Mann ertappt und zur Rede gestellt, kann man ihn von seiner ganz und gar uncharmanten Seite kennen lernen. Da er aber seine Fehler kennt, versucht er schon im Vorhinein, eine getroffene Fehleinschätzung mit einem kleinen Witz zu überspielen. Häufig hat er Erfolg damit.

Der Zwillinge-Mann beweist sich auch gern als Praktiker. Besonders, wenn er in einem Bürojob, zum Beispiel am Computer, arbeitet, ergreift er gern und schnell die Gelegenheit, wenn es mal einen Nagel in die Wand zu schlagen gilt. Oder es ist die Lieferung mit Druckerpapier eingetroffen, da greift er schon mal zu und trägt sie an Ort und Stelle. Allerdings tut er das nicht nur aus Höflichkeit, sondern möchte dabei auch Eindruck machen. Er möchte als einer gelten, der allen Situationen des Lebens gewachsen ist.

Zwillinge-Männer mischen nicht nur gern überall mit, sie wollen auch immer Recht haben. Sie brauchen das Gefühl, der richtige Mann am richtigen Platz zur richtigen Stunde zu sein.

Kein ungelöstes Rätsel –
Die Zwillinge-Frau

Für die Zwillinge-Frau gibt es keine wirklichen Geheimnisse. Dort, wo ihr Unbekanntes gegenübertritt, entwickelt sie einen unbändigen Eifer, alle Rätsel zu lösen. Charmant verblüfft sie mit ihrer Kombinationsgabe häufig ihr Gegenüber, bei dem sie den Eindruck erweckt, sie wisse mehr über ihn als er selber.

Sie sprüht vor Temperament und gibt Männern Anlass zu kühnsten Träumen. Sie selbst hat aber nicht immer die Absicht, diese auch zu erfüllen, denn sie hat schon ihren Spaß, einen Mann so weit zu bringen.

Wie ihr männliches Gegenstück liebt sie die Abwechslung. Routine und Gleichmaß langweilen sie. Sie hält sich fit und legt Wert auf kleine Extravaganzen. Die Hälfte des Jahres ist sie damit beschäftigt, Reisepläne zu schmieden oder sich wenigstens in ferne Länder zu träumen. Wer sie versucht einzuengen oder gar an die vier Wände zu fesseln, wird sein blaues Wunder erleben. Sie kann zur Xanthippe werden, wenn man ihr keine Freiräume lässt. Auch wenn sie nicht verreist, ist die Zwillinge-Frau ständig unterwegs, sie geht viel aus,

Die beste Methode, eine Nachricht blitzschnell und flächendeckend zu verbreiten, ist, sie vor einer Zwillinge-Frau zu verheimlichen.

18

sucht sich allerlei Zerstreuung. Wo auch das schwierig ist, empfängt sie selbst zu Hause gern und oft Gäste. Man kommt gern zu ihr, denn sie wartet immer mit vielen kleinen Überraschungen auf, weiß ihre Gäste kulinarisch mit exotischen Speisen zu verwöhnen und sorgt auch für heitere und amüsante Gespräche. Dabei kann sie sich jeder Runde anpassen, ob es sich nun um einen erlauchten Kreis gebildeter Akademiker handelt oder um den vertratschten Kaffeeklatsch unter Freundinnen.

Ein wichtiger Wesenszug ist ihre Toleranz. Sie lässt andere Lebensformen gelten und hat Verständnis für Schwächen und Unzulänglichkeiten. Häufig ist die Zwillinge-Frau anlehnungsbedürftig und anschmiegsam. Sie weiß um ihre leicht wechselnde Gemütslage

Trotz praktischen Geschicks, Organisationstalents und einträglichen Geschäftssinns eignet sich die Zwillinge-Frau nicht zur Hausfrau. Statische Ordnung und langweilige Routine sind ihr ein Horror.

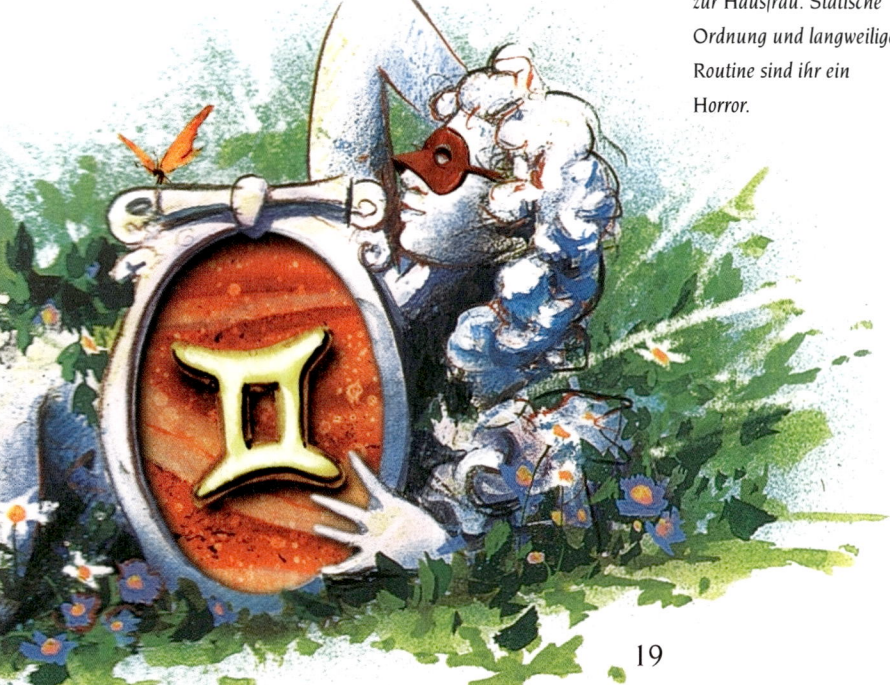

Astro-Hotline:
12 Fragen an die Zwillinge und 12 mögliche Antworten

Mein Motto Das kriegen wir schon alles hin.

Mein Ziel Immer neue Welten entdecken und das Leben genießen.

Meine Freunde … sind nicht nachtragend und zu jeder Extratour bereit.

Meine Feinde … haben selten etwas zum Lachen.

Leute mögen mich … weil ich die Stimmung noch auf jeder Fete gerettet habe.

Leute hassen mich … weil ich auch unpopuläre Wahrheiten sage und dazu stehe.

An anderen schätze ich … wenn sie nicht immer so penibel sind und ich mich trotzdem auf sie verlassen kann.

Meine größte Stärke? Meine Vielseitigkeit und die Fähigkeit, etwas daraus zu machen.

Meine größte Schwäche? Ich lasse nichts anbrennen, auch wenn ich weiß, dass das Eisen heiß ist.

Als Tier wäre ich … vielleicht ein Affe, der lebt auch gern in Gesellschaft und kann sich in einem Wahnsinnstempo von Baum zu Baum schwingen.

Als Pflanze wäre ich … duftender Jasmin.

Als Farbe wäre ich … hell und leuchtend, vielleicht Gelb oder Weiß.

und sucht Halt beim Partner, der möglichst ausgeglichen sein sollte und auch ihre Launen erträgt.

Sie ist schnell für Neuerungen zu begeistern, was sich ebenso schnell bei Vertretern verschiedener Artikel rumspricht. Von einem Produkt überzeugt, kann sie aber auch den besten Vertreter im Freundeskreis ersetzen.

Ebenso wenig, wie man Vertreterinnen dieses Sternzeichens an einen Ort binden sollte, sollte man sie zur Genauigkeit und Pünktlichkeit zwingen wollen. Es wäre vergebene Liebesmüh. Dafür kann man mit ihr Pferde stehlen und sich ihrer solidarischen Hilfe in schwierigen Situationen sicher sein.

Erwiesene Großzügigkeit belohnt sie mit strahlender Freude und faszinierender Wandelbarkeit.

Die Zwillinge-Frau gilt als emanzipiert und geistreich. In dieser Rolle gefällt sie sich, weiß aber um ihre zweite Seele, ihrer Angst vor Einsamkeit, ihre Sehnsucht nach einem Mutspender. So löst sie nicht nur Rätsel, sondern gibt auch anderen welche auf.

2. Analyse: Eine Zwillinge-Lovestory

Mit Zwillingen ist die Liebe nie langweilig. Sie sind erfinderisch und geschickt. Immer wieder wollen sie Neues ausprobieren, weshalb ihnen oft ein Partner allein nicht genügt. Zuweilen neigen sie zum Himmelhoch-Jauchzen, aber auch zum Zu-Tode-betrübt-Sein. Sie stürzen sich mit Haut und Haaren in eine Beziehung, aber sie verbrennen nicht darin. Oft ist die Erfüllung sexueller Wünsche nicht ihr einziges Ziel. Sie wollen ihren Spaß; wenn der ausbleibt, ist die Beziehung auch schon beendet und die Leidenschaft längst in einer neuen entbrannt.

Die Zwillinge-Frau

Warum fällt sie einem Mann auf?

In ihrem Umkreis wird viel gelacht. Ein kleiner Scherz auf den Weg und ein Lächeln im Vorübergehen. Ihre lockere Art macht es ihm leicht, sie zu einem Kaffee oder zum Essen einzuladen. Er hat dabei nie das Gefühl eine ernsthafte Verpflichtung einzugehen. Sie ist unkompliziert, und wenn er einen ungeschickten Annäherungsversuch startet, kommt sie ihm wie selbstverständlich entgegen. Dabei ist sie nicht aufdringlich und lässt auch alle Möglichkeiten – zum Beispiel für einen angebrochenen Abend – offen. Sie ist beliebt, denn sie wechselt mit vielen unterschiedlichen Leuten freundliche Worte. Ihr helles Lachen ist überall herauszuhören. Sie gibt ihm augenblicklich das Gefühl, bei ihr gut aufgehoben zu sein. Sie verströmt eine Magie der Anziehung, die er sich nur schwer erklären kann.

Was zieht sie auf Anhieb an ihm an?

Das Fremde, Ungewohnte. Je geheimnisvoller er ihr erscheint, desto mehr ist sie fasziniert. Allerdings möchte sie ihm auch seine Geheimnisse entlocken können. Nicht widerstehen kann sie, wenn er ihr einen ungewöhnlichen Treffpunkt vorschlägt. Doch wenn er zu erfinderisch ist und ihr kaum Gelegenheit bietet, sich selbst einzubringen, lässt sie schnell wieder von ihm ab. Wenn er jung ist, zieht sie seine Jungenhaftigkeit und Albernheit an, wenn er älter ist, mag sie es, wenn er für andere etwas darstellt, Lebenserfahrung verkörpert und als weise und nachsichtig gilt.

Was will sie zuerst über ihn wissen?

Ob er in der Lage ist, alles stehen und liegen zu lassen, nur, um mit ihr an den Nordpol zu fahren. Wenn er keinen anderen Einwand bringt, als dass ihm da ein bisschen kalt wäre, hat er schon gewonnen.

Sie lässt ihre Reize sprechen und geht ziemlich direkt auf ihn zu. Doch sie räumt ihm eine Rückzugsmöglichkeit ein, gibt zu verstehen, auch sie will sich nicht auf Anhieb festlegen. Sie erzählt ihm, dass sie gern verreist und fremde Kulturen kennen lernen möchte, dass Reisen zu zweit und oder dritt viel spannender und aufregender ist. Sie befragt ihn nach seinen Hobbys und geht voll drauf ein. Sie hat sich schon mit ihm verabredet, wenn er noch überlegt, wie er es anstellen soll.

Wie zeigt sie, dass sie Interesse hat?

Natürlich mag sie Komplimente, ein Lob für ihr exzellentes Aussehen, ihre geschmackvolle Garderobe, ihr charmantes Lachen. Der Mann, der dann noch durchblicken lässt, dass er in ihr weitaus mehr sieht, als die Frau für Herd und Kinder, dass er ihre Intelligenz schätzt und achtet, wird kaum einen Korb ernten. Wenn er sie noch dazu mit einem kleinen ungewöhnlichen Geschenk – zum Beispiel einem Bumerang mit seinem Namen – überrascht, ist sie garantiert hingerissen.

Wie hilft man ihr, falls nötig, auf die Sprünge?

Mit der öden, altbekannten Tour: Na, wie wär's mit uns beiden? Darauf hat sie absolut keinen Bock. Auch nicht auf die allzu selbstsichere Art eines Mannes, der sich für besonders witzig hält, wenn er seine Annäherungsversuche aus dem vorabendlichen Fernsehprogramm kopiert.

Und wie kriegt man sie ganz bestimmt nicht rum?

Sie wirkt albern und quecksilbrig und plappert von Gott und der Welt, nur um jedem zu zeigen, wie gut sie drauf ist. Die blödesten Einfälle beginnt sie gleich in die Tat umzusetzen, zum Beispiel will sie im Zoo auf einem Nilpferd reiten oder in einer Gartenanlage Äpfel ernten und anschließend an Kinder verteilen. Immerzu trällert sie die neusten Hits vor sich hin, besinnt sich auch auf alte Schnulzen und begrüßt selbst nur entfernt Be-

Wie ist sie, wenn sie sich verliebt hat?

kannte überschwänglich und stürmisch. Für ihn denkt sie sich ständig etwas Neues aus, schleift ihn von einer Party zur anderen, um anschließend erschöpft in seine Arme zu sinken und noch einmal zur Hochform aufzulaufen.

Wann ist auf einen Schlag alles vorbei, bevor es richtig angefangen hat?

Wenn er mitten im angeregten Gespräch plötzlich auf die Uhr schaut und sagt: Dann müssen wir wohl, morgen früh ist die Nacht vorbei und die Arbeit wartet. Wann hast du in den nächsten Tagen Zeit für ein Wiedersehen?

Die erste Nacht mit ihr …

… geht viel zu schnell vorbei. Stürmische Attacken wechseln ständig mit einem ausgiebigen erotischen Vor- bzw. Nachspiel. Ihr Einfallsreichtum und ihre Sinnlichkeit bringen auch ihn in Höchstform. Sie braucht keine besonders aufregende Umgebung, um in Stimmung zu kommen. Ob die grüne Wiese, der Fußboden oder das bequeme Bett – für sie ist das kein Problem. Sie braucht nur das Gefühl, sich entfalten zu können, nicht nur für einen kurzen Quickie herhalten zu müssen. Sie lässt sich gern verwöhnen, ergreift aber auch selbst die Initiative.

Was ist an ihr so faszinierend?

Ihr sonniges Gemüt, das auch in schwierigen Lebenslagen, Heiterkeit verströmt. Ihr Tatendrang, der ihr immer neue Lebenswelten erschließt und auf ihre Umgebung ansteckend wirkt. Ihre Schlagfertigkeit, mit der sie manche Unsicherheit überspielen kann.

Was ist ihr Ideal von Beziehung?

Eine Partnerschaft von zwei Menschen, die sich einerseits ganz und gar einander hingeben, andererseits aber dem anderen Freiräume lassen. Eine wichtige Voraussetzung ist gegenseitiges Vertrauen, das auch durch einen kleinen Seitensprung nicht zu erschüttern ist.

26

... ist für sie keine Ehe mit Garantieschein. Innerlich hält sie sich auch für Veränderungen bereit, versucht aber zunächst alles zu tun, um die gemeinsame Zukunft spannend und abwechslungsreich einzuleiten. Wenn sie sich schon dazu entschlossen hat, betreibt sie ihr Ziel mit großer Anstrengung und überfordert sich manchmal dabei selbst. Sie konsultiert ihre beste Freundin, ohne je die Absicht zu haben, dem Rat zu folgen. Die Vorstellung, dass auch bei ihr alles in geordneten Bahnen verlaufen soll, Ehealltag mit dem ewigen Einerlei, versetzt sie in Panik.

Der Schritt zur gemeinsamen Zukunft ...

Die hängt von ihrer Tagesform ab. In der Regel folgt sie einem spontanen Impuls, betrachtet die Ehe als ein Abenteuer mit ungewissem Ausgang. Das macht sie neugierig. Wenn sie ihren Verstand befragt, rät der ihr allerdings immer wieder ab. Das Risiko, nicht mehr ungezwungen den eigenen Neigungen nachgehen zu können, sich an nur einen Menschen zu binden, der ihr möglicherweise bald gleicht wie ein Spiegelbild, bereitet ihr Unbehagen. Sie verwirft aber diese Überlegungen auch schnell wieder, stürzt sich ins Abenteuer.

Ihre Einstellung zur Ehe?

Den Wunsch nach einem Baby schiebt sie, so lange es geht, hinaus, denn sie weiß, wie sehr ein Kind ihre Bewegungsfreiheit einengen würde. Dabei ist sie durchaus kinderlieb. Wenn es so weit ist, dass sie selbst Mutter werden will, beobachtet sie jede Veränderung mit Interesse. Sie lässt sich aber nicht gern nur auf die Mutterrolle festlegen. Mithilfe von Babysittern, Verwandten und Freunden versucht sie sich Freiräume zu schaffen, beweist so, dass man trotz Kind nicht auf Partys, Kino und andere Vergnügungen verzichten muss. Deshalb ist sie keine schlechte Mutter, nur das Gluckenhafte fehlt ihr völlig.

Was bedeutet es ihr, Mutter zu werden?

27

Aus welcher Ecke kommen im Zusammenleben mit ihr die ersten Schatten?

Wenn sie unzufrieden ist, sich zu langweilen beginnt, fängt sie an zu nörgeln. Da sie aber selbst immer wieder für Abwechslung sorgt, wird sie nicht zur Dauernörglerin, die den Bruch leicht macht. Es kommt schon eher vor, dass sie plötzlich im Freundeskreis einige spitze Bemerkungen über das Zusammenleben macht. Im nächsten Augenblick der Zweisamkeit kann sie auch wieder ganz aufblühen und alle Unzufriedenheit vergessen lassen. Nehmen diese Schwankungen, Wechsel zwischen höchstem Glück und tiefster Abscheu zu, steht der Zusammenbruch unweigerlich bevor. Der Mann kann da wenig machen; selbst wenn er wollte, er würde in ihren Augen nur alles falsch machen.

Wie reagiert sie auf Stress in der Partnerschaft?

Impulsiv. Es ist nicht ihre Sache, still und geduldig alles hinzunehmen, für Harmonie zu sorgen und so Stress abzubauen. Sie vertraut auf die Wirkung reinigender Gewitter. Ansonsten ist sie nicht so schnell in Stress zu versetzen. Da sie sowieso ständig mit anderen Dingen beschäftigt ist, empfindet sie den Beziehungs-Stress kaum. Sie schaut auch nicht penibel auf ungemachte Betten, empfindet ein Frühstück im Stehen nicht gleich als Katastrophe und Unpünktlichkeit beim Essen, da ist sie selbst Meister. In gewisser Weise ist ihr Stress sogar willkommen, denn sie kann dabei ihre organisatorischen und praktischen Fähigkeiten beweisen.

Thema Geld – wie hält sie es damit im Zusammenleben?

Geld ist etwas, von dem sie meint, man muss es haben aber nicht dran hängen. Ihr Haushaltsgeld reicht nie. Was soll's! Wenn sie etwas Geld in der Hand hat, gibt sie es auch sofort aus, für Kleidung, Kosmetik, eine Spritztour zwischendurch. Für neue Angebote ist sie immer zu haben, probiert die neue Wurstsorte oder das exotische Fruchtgetränk.

28

Zunächst sehr viel. Sie hat den Wunsch, mit einem Mann die ganze Welt zu ergründen, auf Erkundungsfahrt zu gehen. Sie möchte mit ihm alle Erlebnisse teilen und sich mit ihm auf einer geistigen Ebene wissen. Diese Vorstellung von Treue schließt nicht aus, dass jeder auch für sich eine Erlebniswelt hat, die er irgendwie in die gemeinsame Beziehung einbringt. Ein Grundvertrauen ist die Basis, dass keiner den anderen ernsthaft verrät. Dazwischen ist vieles in mancherlei Abstufungen möglich, was andere vielleicht als Untreue ansehen würden.

Was bedeutet ihr Treue in der Beziehung?

Nicht im eigentlichen Sinne. Der Seitensprung des Partners, den sie schon in- und auswendig kennt, juckt sie wenig. Die Eifersucht keimt erst auf, wenn sie bemerkt, dass er bei einer anderen ein anderer wird, Seiten zeigt, die er ihr bisher vorenthalten hat. Eifersucht empfindet sie auch, wenn er bemüht ist, sie von geistigen Gesprächen fernzuhalten, sie bei Plaudereien mit Kollegen einfach auszuschließen.

Ist sie eifersüchtig?

Wenn sich herausstellt, dass er sie eigentlich nicht ernst nimmt, ihr letztlich doch keine Freiräume läßt, sie kontrolliert und bevormundet. Sie will ihre Kreativität beweisen, mit Neuem überraschen. Von ihr ein Leben in vorgefertigten Mustern zu verlangen, verletzt sie und macht sie krank.

Was verletzt sie in der Beziehung am allermeisten?

Wenn sie entschlossen ist, eine Beziehung zu beenden, kann sie fast aus heiterem Himmel zur Furie werden. Spitze Bemerkungen, die verletzen, kommen leicht von ihren Lippen. Sie scheut auch nicht davor zurück, die Schwächen des anderen vor seinen Freunden zu kompromittieren. Zwar tut ihr manches leid, aber zurücknehmen kann sie auch nichts.

Und wie fies kann sie selbst sein?

Wie macht sie Schluss?	Ganz spontan, aber dann auch endgültig. Da sie schon längst in neue Lebenssphären aufgebrochen ist, wird sie schnell mit einer solchen Situation fertig. Sie trauert selbst einer langen Beziehung nicht nach, hält aber ein Aufleben dieser Beziehung nach einiger Zeit nicht für ausgeschlossen. Insofern muss das Ende nicht immer dramatisch verlaufen. Will sie dem langjährigen Partner nicht wehtun, verkuppelt sie ihn mitunter mit ihrer besten Freundin und tanzt auf seiner Hochzeit. Wenn er ihr dabei zu verstehen gibt, dass er gern an ihre gemeinsame Zeit zurückdenkt, ist sie zufrieden.

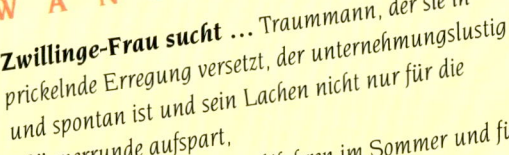

W A N T E D

Zwillinge-Frau sucht ... Traummann, der sie in prickelnde Erregung versetzt, der unternehmungslustig und spontan ist und sein Lachen nicht nur für die Männerrunde aufspart,

zum ... Reisen, Lieben, Skifahren im Sommer und fürs Frühstück um Mitternacht.

Bin ... sexy und halte noch mehr, als ich verspreche.

Biete ... unvergessliche Stunden, abwechslungsreiche Kost und 'ne Menge Spaß.

Eigenarten: Verschlafe oft, bin aber immer ausgeschlafen.

Der Zwillinge-Mann

Er hat die Unwiderstehlichkeit eines Draufgängers, klaut im Stadtpark einen ganzen Rosenstrauß, um ihn ihr zu Füßen zu legen. Dabei erweckt er nicht den Eindruck von Leichtsinn. Witzig und geistreich gibt er zu verstehen, dass es ihm nicht auf eine schnelle Nummer ankommt, sondern dass er noch viel mehr für die Angebetete tun würde. Mitunter flirtet er auch mit einer anderen, um ihre Aufmerksamkeit und Neugier zu wecken. Hat er dies erreicht, lässt er sich mit der Eroberung Zeit, was in ihr den Wunsch, ihm zu gefallen und ihn für sich zu haben, kräftig nährt. Er ist auch an Schlechtwettertagen gut gelaunt und verheißt Verwöhnung pur.

Warum fällt er einer Frau auf?

Sie ist keine leichte Eroberung. Eine geheimnisvolle Aura umgibt sie. Der Mann, mit dem er sie antrifft, ist kein Grund, von ihr abzulassen. Sie ist charmant und schlagfertig. Ihm entgeht nicht, dass auch andere sie bewundern und begehren. Sie kann mit anderen im Gespräch vertieft sein und hat doch nur Augen für ihn. Sie kann mit einem anderen flirten und so tun, als wäre er nicht vorhanden, um dann doch direkt auf ihn zuzugehen. Er ist überrascht und überwältigt.

Was zieht ihn auf Anhieb an ihr an?

Mit einem ersten Wortgeplänkel will er herausbekommen, ob sie bereit ist für eine Beziehung, ohne gleich eine Verpflichtung auf Dauer einzugehen, wie sehr sie die Unabhängigkeit des anderen respektiert und wie weit ihre Toleranz reicht. Dabei testet er auch ihre Intelligenz, um sich nicht an der falschen Stelle zu verausgaben. Schließlich findet er ein geistreiches Gespräch genauso spannend, wie eine heiße, abwechslungsreiche Nacht.

Was will er zuerst über sie wissen?

31

Wie zeigt er, dass er Interesse hat?	Er signalisiert es mit einem ausgefallenen Gag, der nur sie meint. Zum Beispiel schlägt er eine spontane Party auf dem Autofriedhof vor, und jeder müsse sich einen Sozius wählen, mit dem er in den Morgen startet. Bei entsprechender Gelegenheit geht er ganz direkt auf sie zu, macht ihr Komplimente oder einen kleinen Witz.
Wie hilft man ihm, falls nötig, auf die Sprünge?	Indem sie ihm augenzwinkernd andeutet, dass sie eine große Briefmarkensammlung hat und jemanden zum Ordnen und Begutachten sucht. Sie kann auch auf die Masche verfallen, im Urwald Pilze sammeln und einen Korbträger suchen zu wollen. Auf jeden Fall sollte sie ihm die Möglichkeit lassen, seine Eroberung selbst zu machen. Wenn bei ihm auch nur der kleinste Verdacht aufkommt, er soll geangelt werden, wird er sich sofort in tiefere Gewässer zurückziehen.
Und wie kriegt man ihn ganz bestimmt nicht rum?	Wenn sie ihm alle seine Fragen detailgetreu beantwortet, ihm mehr erzählt, als er wissen will, alle Gefühle und Gedanken vor ihm ausbreitet und sagt: Jetzt will ich aber auch alles von dir wissen … Auch wenn sie durchblicken lässt, dass ihr nichts über einen gemütlichen Fernsehabend zu zweit geht und für sie nur Häuslichkeit mit Küche und Kindern infrage kommt.
Wie ist er, wenn er sich verliebt hat?	Auf keinen Fall kann er das für sich behalten, er wird seine Angebetete in höchsten Tönen loben. Seine Kollegen und Freunde erfreut er mit albernen Scherzen. Er verwendet mehr Zeit als gewöhnlich auf sein Äußeres, seine Garderobe, seine Fitness. Plötzlich wirkt er gefühlvoll und romantisch; das kommt ihm selbst komisch vor, und er versucht, mit seiner Merkur-Natur wieder ganz Herr der Lage zu werden. Gezielt sieht er sich auch nach anderen um, wobei er sich doch immer wieder nur zu der einen hingezogen fühlt.

Wenn sie ihm bedeutungsvoll in die Augen sieht und sagt, bei meiner Mutter und bei meiner Großmutter war es genauso, Liebe auf den ersten Blick, für immer und ewig, bis dass der Tod uns scheide. Er mag es auch ganz und gar nicht, wenn sie sich in der Rolle einer kleinen grauen Maus gefällt, die auf den Prinzen wartet, der sie wachküsst. Schwärmereien kann er nicht ab: für andere Männer genauso wenig, wie für Gegenden, in denen er sich auskennt. Da beginnt sich seine Langeweile zu regen, und die hat noch alle aufkeimenden Gefühle abgetötet.

Wann ist es vorbei, bevor es überhaupt richtig angefangen hat?

… ist lustvoll, aufregend und erschöpfend, denn er gibt keine Ruhe, bis ihn der angebrochene Morgen endlich zwingt, seine sexuellen Erkundungen zu unterbrechen. Sie weiß, dass sie mit ihm noch manches ausprobieren kann. Ihn interessiert nur noch, welche anderen, nicht entdeckte Seiten sie zu bieten hat. Die von beiden stark empfundene Nähe wird es aber nie wieder geben. Die Diskussionen, die ihn im Wechsel mit dem Liebesspiel anregen, empfindet sie als außergewöhnlich ehrlich, humorvoll und loyal, deshalb bleiben sie ihr mindestens genauso lange im Gedächtnis wie der Sex.

Die erste Nacht mit ihm …

Seine Jugendlichkeit, die er sich bis ins hohe Alter bewahrt, seine Abenteuerlust und seine Liebenswürdigkeit. Wenn sie ihn nicht als Liebhaber halten kann, will sie ihn auf jeden Fall als Freund behalten. Für die meisten Frauen ist er der Traum-Mann.

Was ist an ihm so faszinierend?

Vielseitigkeit in jeder Hinsicht. Möglichkeiten, in verschiedenen Stress-Situationen auszubrechen, ohne dass die lieb gewordenen Dinge in einer Beziehung Schaden nehmen. Gegenseitige Toleranz. Offenheit für Ungewöhnliches.

Sein Ideal von Beziehung?

Der Schritt zur gemeinsamen Zukunft ... ... kennt keine festen Regeln. Gute Absichten für eine dauerhafte Beziehung sind wohl vorhanden, jedoch müssen zunächst bestimmte Vorstellungen von Treue, Gemeinsamkeit und Zusammenleben geklärt sein. Es nützt wenig, auf die Zeit zu vertrauen, die schon alles richten wird. Auch finanziell müssen klare Fronten geschaffen werden. Nur wer bereit ist, zugleich eine Reihe von Unsicherheiten in Kauf zu nehmen, wer das Experiment höher stellt, als den klar vorgezeichneten Weg, kann es wagen an eine gemeinsame Zukunft zu denken. Garantien kann keiner von beiden abgeben.

Seine Einstellung zur Ehe? Er hält sie nicht unbedingt für notwendig, hat aber andererseits ein großes Bedürfnis, nicht allein zu bleiben. Bemuttert und verwöhnt zu werden, dafür lässt er sich auch auf die Ehe ein, obwohl beiden klar sein muss, dass er sich nie ihren Regeln beugen wird. Er findet selten auf Anhieb die Richtige, sodass er, wenn er sich schon einmal zur Ehe entschlossen hat, in der Regel dann mindestens zweimal heiratet. Seine Frauen werden aber auch hinterher noch behaupten, dass er ein wundervoller Ehemann war, dass die Ehe mit ihm nie langweilig wurde.

Was bedeutet es ihm, Vater zu werden? Ein Kind eröffnet ihm eine neue, bisher nicht gekannte Welt, das macht ihn neugierig und vermag ihn sogar in gewissen Zeiträumen an die häusliche Gemeinsamkeit zu fesseln. Er ist ein liebevoller und rücksichtsvoller Vater, der allerdings dazu neigt, dem Neugeborenen schon eine elektrische Eisenbahn oder einen Computer zu kaufen. Enttäuscht stellt er dann fest, dass es ziemlich lange dauert, bis das Kind seine Abenteuerlust auch wirklich ausprobieren kann. Als „treu sorgender" Vater hält er mit seiner Zuwendung meist nicht lange durch.

Wenn er spürt, dass seine Partnerin begonnen hat, sich voll auf ihn zu konzentrieren. Wenn sie versucht, ihm jeden Wunsch von den Augen abzulesen und dabei nur den gestrigen Tag kopiert, statt das Risiko einzugehen, ihn mit etwas Neuem vielleicht auch mal zu schocken. Nichts verzeiht er so wenig, wie Gleichmaß und Langeweile. Doch ziehen auch Schatten auf, wenn er erkennt, dass ihr Interesse, ihre Bewunderung für ihn sich dem Nullpunkt nähert. Und wenn sie vielleicht auch noch anfängt, ihn zum Trottel zu erklären, seine Leichtlebigkeit als Erfolglosigkeit auszugeben und ihn mit seinem Glatze- oder Bauchansatz zu hänseln …

Aus welcher Ecke kommen im Zusammenleben mit ihm die Schatten?

Mit Intellekt und Gelassenheit. Die meisten Aufregungen hält er für stark übertrieben. Wenn die Partnerin hysterisch wird, weil augenscheinlich, nichts mehr klappt, geht er mit einem Lächeln darüber hinweg. Innerlich wird er zum kühlen Rechner und wägt ab, was es ihm bringt, sich so oder so zu verhalten. Es kann auch sein, dass er zu verstehen gibt, wie sehr auch er unter dem Stress leidet, nur um seine Ruhe zu haben und weiterhin ungestört seinen Unternehmungen nachgehen zu können. Wirklich in Panik versetzt ihn nur das Gegenteil von Stress: Friedhofsruhe. Da kann auch er hysterisch und ungerecht werden.

Wie reagiert er auf Stress in der Partnerschaft?

Geld ist für ihn nur ein Thema, wenn der Blick aufs Konto eine ziemliche Flaute anzeigt. Da er aber weiß, dass er genug verdient, hält der Schock nicht lange vor, hält ihn nicht einmal davon ab, schon mal die nächste Reise zu buchen. Wenn er Geld hat, gibt er es großzügig aus. Die Kontokurve zeigt deshalb ein ständiges Auf und Ab. Kompliziert wird es nur, wenn seine Partnerin das gemeinsame Geld ebenfalls nicht zusammenhalten kann, wenn sich herausstellt, dass das Haushalts-

Thema Geld – wie hält er es damit im Zusammenleben?

geld mal wieder nur für die ersten beiden Wochen reichte. Dann wird einer von ihnen in den sauren Apfel beißen und sich einen Nebenjob suchen. Sparsamer wird der Zwillinge-Mann dadurch nicht.

Was bedeutet für ihn Treue in der Beziehung? Für ihn hat sie eine andere Bedeutung als im herkömmlichen Sinne. Mit einer anderen ausgehen und der Seitensprung nebenbei, sind für ihn kein Widerspruch zu seiner Behauptung, treu zu sein. Er kann viele Frauen lieben und doch letztlich bei der einen bleiben. Als wirklichen Treuebruch empfindet er das Verlassen der gemeinsamen geistigen Basis.

Ist er eifersüchtig? Man sollte seine Eifersucht nicht auf die Probe stellen. Selbst wenn er von sich behauptet, in jeder Situation tolerant und nachsichtig zu sein, wurmt ihn das Fremdgehen seiner Partnerin doch sehr. Er wird sich zunächst nichts anmerken lassen, sogar noch heiter und witzelnd darüber hinweggehen. Doch im Untergrund beginnt etwas zu schwelen, was möglicherweise in einem völlig anderen Zusammenhang und urplötzlich aus ihm herausbricht.

Was verletzt ihn in einer Beziehung am meisten? Er verträgt es ganz und gar nicht, wenn seine Großzügigkeit schamlos ausgenutzt wird und er vielleicht auch noch als Trottel dasteht. Er möchte weder bevormundet, noch hintergangen werden. Selbst, wenn er sich überlegen und cool gibt, ist er verletzlich. In seinem Versuch, sich dagegen zu wappnen, wird er oft als egozentrisch und kaltschnäuzig missverstanden. Auch, wenn er vor vollendete Tatsachen gestellt wird, zum Beispiel der Kinderwunsch oder das teure Urlaubsziel nicht vorher mit ihm besprochen wordem sind, wird er sauer. Es gibt Überraschungen, für die will nur er allein zuständig sein.

Die Rolle des Fieslings überlässt er gern anderen. Aber wenn er mal mies drauf ist, wird er egoistisch, schofelig und gehässig. Da er ein intelligenter Redner ist, verpackt er alles gern in wohlklingende Worte. Dagegen kann man sich kaum wehren.

Und wie fies kann er sein?

Konsequent und auf direktem Wege. Er will keine halben und angefangenen Sachen in seinem Leben zulassen. Um unerquicklichen Auseinandersetzungen zu entgehen, setzt er massiv Langeweile ein. Sein Angebot, man könne doch noch freundschaftlich miteinander verkehren, ist dennoch ernst gemeint und für ihn kein Widerspruch. Sie ist gut beraten, dieses Angebot anzunehmen, denn sie wird ihn von einer anderen liebenswerten Seite kennen lernen. Manchmal kann auch der Schluss ein neuer Anfang werden.

Wie macht er Schluss?

W A N T E D

Zwillinge-Mann sucht ... muntere Partnerin mit ausgeprägtem Sinn fürs Exotische und Entdeckerinstinkt
zum ... gemeinsamen Aufbruch in neue Welten.
Bin ... am Kamasutra genauso interessiert, wie an der neusten Kreation des Pizzabäckers um die Ecke.
Biete ... alles, was mein Fundus ungewöhnlicher Ereignisse hergibt.
Eigenarten: Wirke ansteckend in puncto Heiterkeit, Lustgewinn und Abenteuergeist.

Hautnah.
Im Bett mit einem Zwilling

Erotische Grundenergie

Ambivalent. Im steten Wechsel von langsam ansteigender Stimulanz und pulsierender Heftigkeit.

Was Sex für sie/ihn bedeutet

Nicht alles. Aber doch die willkommene Aufmunterung im Alltag. Zwillinge lieben das Besondere, Ungewöhnliche und stecken voller Neugier. Weniger Triebhaftigkeit als Abenteuerlust verführen ihn (sie) dazu, es immer wieder neu zu probieren. Schon der Gedanke an Sex weckt seine (ihre) Sinnlichkeit.

Sexuelles Potenzial

Je stürmischer und abwechslungsreicher, desto besser. Wichtig ist es den Zwillingen, den Ton anzugeben. Alle Spielarten sind denkbar.

Der Weg zur Erregung

Zwillinge lassen sich meist Zeit mit dem Vorspiel; es ist ihnen fast noch wichtiger als der Höhepunkt selbst. Dabei stellen sie ihren Einfallsreichtum unter Beweis und kommen richtig in Fahrt. Mit Raffinement bauen sie immer wieder kurze Pausen ein, die weniger der Erholung als der Vorbereitung neuer Verführungskünste dienen. Wie zufällig wirkende Berührungen der Arme, Schultern und Hände können elektrisierend wirken.

Anmacher

Ein leichtes Geplänkel zur Einleitung gehört dazu. Doch dann will er (sie) es wissen. Spiegel, die den Eindruck erwecken, als würden noch andere dabei sein, steigern die Lust. Zwillinge lieben es hell und freundlich. Ungewollte Ablenkungen, das knarrende Bett oder das klingelnde Telefon, stimulieren sie zusätzlich. Die Erfrischung – zu zweit unter der Dusche – kann schon wieder eine neue Runde einleiten. Vor dem Badezimmerspiegel ist es besonders schön

Wenn sie plötzlich fragt: Hast du auch die Tür abge-
schlossen? Oder, wenn er noch schnell mal nachsehen
muss, ob inzwischen ein besserer Parkplatz frei ist.
Wenn der Partner oder die Partnerin meint, beim letzten Mal war es sehr schön, machen wir es wieder so.
Problemdiskussionen beim Sex, überhaupt die intellektuelle Problematisierung des Sexuellen. Zwillinge
hassen es, noch dazu in lustvollen Momenten, sich die
Probleme anderer anhören zu müssen, auch wenn je-
ner andere der liebste Mensch ist. Sie wollen auch
nicht die Geschichte der Geschlechterbeziehungen
vom Neandertal bis zur Gegenwart diskutieren; sie
spüren sofort, wenn der Partner oder die Partnerin
nicht bei der Sache ist oder sich in Routine übt.

Abturner

Ein Feuerwerk neuer Reize bei einer stürmischen
Versöhnung und möglichst noch in fremder Umgebung
macht Zwillinge atemlos. Bei ihrem Naturell gibt
es natürlich genügend Anlässe für eine solche Gipfel-
stürmerei.

Gipfel der Lust

Eine Ganzkörperberührung mit den Fingerspitzen. Die
Vorstellung, es nicht nur mit einem Partner zu treiben,
weckt wollüstige Schauder. Die Unendlichkeit fremder,
unbekannter Welten, die Unbegrenztheit der Möglich-
keiten – alles, was gefällt, ist erlaubt – gehört genauso
dazu wie der Wunsch, an mehreren Orten, bei mehreren
Partnern zur gleichen Zeit zu sein. Ihrer ambivalenten
Zwillings-Natur entspricht es durchaus, ihre sexuellen
Energie zwei Partnern gleichzeitig auf unterschiedliche
Weise mitzuteilen.

Erotische Fantasien

3. Astro-Connections: Die Zwillinge und die anderen

Zwillinge sind große Liebhaber und als solche begehrt bei fast allen. Als heitere, aber auch luftig-unverbindliche Wesen können Partnerschaften mit ihnen äußerst vielseitig, leicht und beschwingt sein. Ihre geistigen und praktischen Fähigkeiten setzen sie gern ein und schätzen diese auch bei anderen. Kopflastigkeit und penibler Perfektionismus liegen ihnen aber fern. Zwillinge suchen als Harmonie-partner den Ausgleich zu ihrer gelegent-lichen Flatterhaftigkeit. Als labile Luft-wesen faszinierten sie das Wasser und seine Spiegelungen. Doch näher einlassen wollen sie sich damit nicht, sie bleiben lieber an der Oberfläche, scheuen den seelischen Tiefgang.

Ein Typus von Partner-
schaften, die sich häufig
und fast von selbst ent-
wickeln. In denen zwei auf
der gleichen Frequenz
schwingen oder sich
gegenseitig ergänzen

„Funktioniert irgendwie immer"

Zwillinge / Waage

In dieser glücklichen Konstellation treffen die Stimmungsschwankungen der Zwillinge auf die Schwingungen der Waage. Beide stehen Veränderungen positiv gegenüber. Sie haben Spaß am anregenden Gedankenaustausch, lassen sich nicht gern festlegen und fühlen sich in geselligen Runden wohl. Waage-Typen sind freundlich und tolerant, ihnen würde es nicht im Traum einfallen, dem anderen nach einem Seitensprung eine nervige Szene zu machen. So verstandene Zwillinge nutzen diesen Umstand nicht schamlos aus. Im Gegenteil, Experimente in erotischer Hinsicht lieben schließlich beide, sodass sie sich auch dabei wunderbar verstehen und eine abwechslungsreiche und aufregende Beziehung eingehen. Verstand und Liebe treffen in einer vortrefflichen Konstellation aufeinander. Für den Verstand ist Merkur zuständig, der bei den Zwillingen vorherrscht, und Venus im Zeichen der Waage steht für Liebe und Sinnlichkeit. Da beide von anderen gleichermaßen viel bewundert und als begehrenswert empfunden werden, gibt es auch keine Rivalitäten oder Machtkämpfe untereinander. Das Bad in der Menge bekommt beiden gut. Mit Charme und Esprit meistern sie in ihrer Beziehung auch Schwieriges, eigentlich Unlösbares.

Zwillinge / Wassermann

Wo Luftwesen auf Luftwesen treffen, sind die Wider-
stände sehr gering. So verhält es sich bei Zwillingen
und Wassermann. Gemeinsam können sie deshalb
auch einige Strecken zurücklegen, ohne dass es ihnen
viel ausmacht. Der Wassermann besteht auf seiner Unabhängigkeit, räumt diese aber auch dem anderen ein.
In dieser Konstellation wird viel gelacht. Der gemeinsame Streit erweist sich als Würze im Alltag, auch
wenn manchmal die Fetzen fliegen. Wassermann-
Geborene sind eher für die großen Ideen und
Pläne zuständig, Zwillinge für deren Realisie-
rung. Beide gemeinsam können es deshalb
weit bringen. Diese Paarung erweist sich so-
wohl im Privaten, wie auch beruflich als ideal.
Sie haben stets den Drang nach Beweglichkeit
und Veränderung. Sollte es einmal zu Unstim-
migkeiten kommen, liegt das an der dominanten
Präsenz des Wassermanns, die sich aber wegspielt, weil
der Zwillinge-Typ zwar selbst gern im Mittelpunkt steht,
seine Bestätigung aber durchaus inmitten der Menge
finden kann. Der Wassermann avanciert eher zum humorvollen, mitunter exzentrischen Außenseiter, der
dennoch nicht am Rande steht. Ihr Verhältnis ist unkompliziert und elektrisiert sich bei gemeinsamen Unternehmungen. Unberechenbarkeit ist ein wichtiges
Merkmal. Es kann schon sein, dass der Zwillinge-Partner eine Reise nach Los Angeles bucht, während der
Wassermann ihn oder sie mit einem Ticket nach Da-
maskus überrascht, vermutlich werden sie dann beide
spontan nach Singapur aufbrechen.

Ein Typus von Partner-
schaften, die reizen und
herausfordern aber auch
heftige Probleme bringen
können

„Sie küssten und sie schlugen sich"

Zwillinge / Stier

Die beiden sind nicht auf Anhieb ein Paar. Der Stier-Mann erscheint der Zwillinge-Frau zunächst etwas zu träge und unbeholfen. Aber er vermittelt ihr ein sicheres Gefühl, und das ist ihr auch etwas wert. Die Stier-Frau hat durchaus Probleme mit der Flatterhaftigkeit und Untreue des Zwillinge-Manns. Erst, wenn er etwas reifer ist und nicht mehr jedes Experiment wagen will, kommen sie sich näher. Die Unterschiedlichkeit der Elemente – Luft und Erde – ist maßgeblich in diesen Verbindungen. Doch das sind keine unüberwindlichen Gegensätze. Sobald beide begreifen, dass die scheinbaren Nachteile des anderen durchaus auch ein Gewinn für sie selbst sein kann, bleibt es nicht nur bei einer kurzlebigen Lovestory. Bodenständigkeit, Gemütlichkeit und Sinnlichkeit sind Werte, die der Stier einsetzt, während Zwillinge Beweglichkeit, Geschicklichkeit und Zweckmäßigkeit beisteuern können. Dennoch werden die Unterschiede auch immer wieder zu Streitpunkten. Schaut sich der Zwillinge-Partner zu häufig nach anderen um, sieht der Stier rot. Hat die stilvolle Wohnungseinrichtung des Stiers ihr Optimum an Bequemlichkeit erreicht, werden Zwillinge immer häufiger auf dringende Dienstreisen, Geschäftsessen und Ähnliches ausweichen. Lange wird sich der Stier das nicht ruhig mit ansehen.

Zwillinge / Zwillinge

Eine unheimlich kommunikative Verbindung. Locker und leicht wird über alles ohne Tabus gesprochen und jede kleine Neuigkeit ausgetauscht. Sie sind viel unterwegs, besuchen oft Freunde, gehen Gewinn bringenden Geschäften nach. Sie gleichen einander wie ein Ei dem anderen. In der Regel sind sie immer einer Meinung und haben die gleichen Vorlieben – vom Essen bis hin zur Kleidung. Die Übereinstimmung ist so groß, die Reibungsflächen so gering, dass sich deswegen bei größter gegenseitiger Anziehung auch mal Langeweile einstellen kann. In den immer wiederkehrenden heißen und turbulenten Nächten empfinden sie mitunter Sehnsucht nach Ruhe und Gemächlichkeit, die sie aber eigentlich überhaupt nicht ertragen können. Doch immer wollen sie auch das, was sie gerade nicht haben, und daraus entstehen die Konflikte, die allerdings kaum ausgesprochen werden. Schließlich kann ein Zwilling nicht ernsthaft behaupten, er sehne sich nach Ruhe, Ordnung und Besinnlichkeit. Das würde ihm ohnehin keiner abnehmen, am wenigsten er selbst. Also wird er eher launisch – aus „heiterem Himmel". Und alle wundern sich, wieso, ohne Anlass, einer aus dem so idealen Paar plötzlich zickig und ungerecht reagiert. Wenn sich Zwillinge allerdings erst im Alter begegnen, mit den Erfahrungen der Jahre und der sich zwangsläufig einstellenden langsameren Gangart, kann bei ihrer Verbindung kaum etwas schief gehen. Sie werden ein angenehm heiteres Paar abgeben, das viel wandert und mit Spaß allem und jedem auf seinem Weg begegnet.

Ein Typus von Partner-
schaften, die auf den ersten
Blick gar nicht funktionie-
ren können oder wollen,
weil beide zu unterschied-
lich sind. Die aber das
Potenzial in sich tragen zu
genau der Liebe, die das
Leben verändert

„Wer hätte das gedacht"

Zwillinge / Widder

Widder sind egozentrisch. Sie gehen auf ihr Ziel los,
auch wenn da eine Wand im Wege steht. Nicht unbedingt eine ideale Voraussetzung für eine Paarung mit
Zwillingen. Doch treffen sie sich in ihrer Begeiste-
rungsfähigkeit, sie lieben beide die Abwechslung und
sind beweglich. Während Widder leidenschaftlich,
fast schon stur, auf die Lösung einer Aufgabe
hinarbeiten, relativieren Zwillinge, zeigen viel-
seitige Interessen und bringen eine gewisse
Leichtigkeit ein. Ihr Liebesleben ist dement-
sprechend heftig und lustvoll. Widder und
Zwillinge können auch die besten Kumpel
sein.

Zwillinge / Krebs

Der gefühlvolle Krebs, ein Wasserwesen, das auch
scheu ist, besitzt für Zwillinge einige Anziehungskraft.
Neugierig möchten sie sein Wesen ergründen, obwohl sie das Empfindsame und Ernsthafte auch
verschreckt. Sie fischen lieber an der Oberfläche als in tiefgründigen Gewässern. Die
Spannungen zwischen beiden halten sich
aber in Grenzen. Zwillinge haben wenig übrig
für die Romantik des Krebses, und der versteht
nicht die Wechselhaftigkeit und unverbindliche
Oberflächlichkeit der Zwillinge. Dennoch kommt
es kaum zu dramatischen Auseinandersetzungen, da
beide auch tolerant und anpassungsfähig sind.

Zwillinge / Löwe

Der König der Tiere ist es gewohnt, dass ihm alles zu Füßen liegt. Für Zwillinge eine ungewöhnliche Stellung; aber eine reizvolle Vorstellung, den Löwen zu erobern. Quirlig umgarnt er den Mächtigen, der sich durchaus geschmeichelt fühlt. Die Konstellation, er ein hoher Beamter, der auf Grund seiner Stellung sich viele Freiheiten erlauben kann, sie eine kluge und gewandte Partnerin an seiner Seite, die seinen Glanz in gesellschaftlichen Kreisen noch vermehrt, ist zwar ein Auslaufmodell, funktioniert aber immer noch. Auch das Donnerwetter, wenn sie fremdgeht und damit seinem Ruf schadet. Ansonsten können der souveräne Löwe und der arglos launige Zwilling eine interessante Verbindung werden.

Zwillinge / Jungfrau

Kurzzeitig kann es in einer Liebesbeziehung zwischen beiden schon einmal spannend und lustvoll zugehen. Auf Dauer ist der Zwilling der Jungfrau meist zu unreif, die Jungfrau ihm zu hausbacken. Auf der intellektuellen Ebene aber liegen die Stärken ihrer Verbindung. Beide sind neugierig. Und Merkur, der sie beide beherrscht, macht aus ihnen ein ideales Team. Einer sammelt und bringt Informationen ein, der andere verarbeitet sie auf unterschiedlichste Weise. Schlimm nur, wenn die prinzipienfeste Jungfrau sich über ihren Hans-Dampf-in-allen-Gassen-Zwilling   echauffiert. Wenn's dem Zwilling zu schulmeisterlich wird, sieht er sich woanders um.

„Und dann gibt's da noch"

Zwillinge / Skorpion

Mit einem Skorpion erlebt der Zwilling wilden und aus-
gefallenen Sex, der keine Tabus kennt und alle Sinne
anspricht. Seine Liebe ist leidenschaftlich, zuweilen
aber auch rücksichtslos. Er ist schon aus Prinzip ein Fa-
natiker und findet in diesem Punkt bestimmt wenig
Verständnis beim Zwilling, dessen Doppelnatur wie-
derum für den Skorpion ein mystisches Geheimnis
bleibt. Er ist ein Fachmann für dunkle Kräfte und wit-
tert da einiges. Es ist ihm auch nicht auszureden, seine pädagogischen Fähigkeiten an der Partnerin oder
dem Partner zu erproben. Zwillinge reagieren darauf al-
lergisch. Als Familienvater oder häusliche Mutter ver-
fügt der Skorpion über beträchtliche Stärken. Sobald
der Zwilling erkennt, dass ihm das größere Freiheiten für Unternehmungen einräumt, kann das
der Anfang einer wunderbaren Verbindung
sein. Der flatterhafte Zwilling muss sich jedoch vor der Eifersucht des Skorpions hüten.
Der nämlich kann einfach nicht glauben, dass
ein Flirt oder ein kleiner Seitensprung nur der
oberflächlichen Neugier des Partners ent-
springt. Für ihn zählt nur: ganz oder gar nicht. Viel
Toleranz ist nötig, um sich gegenseitig bei der Stange
zu halten. Dem Zwilling ist das manchmal zu anstren-
gend. Auch Skorpione können verzeihen, und ganz besonders aufregend ist eine Versöhnung mit ihnen. Beide Sternzeichen lieben – auch beim Sex – das Experiment; Zwillinge sind dabei unverkrampfter, Skorpione
fantasievoller.

Zwillinge / Schütze

Mit dem Feuer des Schützen hat der Zwilling keine Probleme. Luft und Feuer sind sehr bewegliche Elemente, die sich gegenseitig nicht einschränken, ganz im Gegenteil. Beide lieben ihre Unabhängigkeit. Die positive Lebenseinstellung des Schützen, sein fröhlicher Umgang mit den Dingen gefällt dem Zwilling. Dennoch können sich abgrundtiefe Unterschiede auftun. Während sich zum Beispiel bei den häufig gemeinsam unternommenen Reisen, der Zwilling mit der Ortsveränderung und der Entdeckung neuer Kulturen durch Augenschein begnügt, reicht das dem Schützen noch lange nicht aus. Er will alles genau ergründen, hinter das Wesen der Dinge steigen, und er lässt nicht locker. Das kann ganz schön ermüdend werden. Dem Schützen schwebt das hohe Ziel vor, der Zwilling gibt sich da mit kleineren Erfolgen zufrieden.

Zwillinge / Steinbock

Der Steinbock ist dem Zwilling in der Regel viel zu ernst. Die Beharrlichkeit des Einzelkämpfers, seine eher konservative Einstellung, sein großes Verantwortungsgefühl, das ihn von unüberlegten Experimenten zurückhält, all das erscheint dem Zwilling wenig begehrenswert. Sicherheit und Bodenständigkeit zieht der Gehörnte vor, er liebt die Natur und möchte sie dort genießen, wo er gewiss auf keinen anderen trifft. Dem geselligen Zwilling fällt dabei bald die Decke auf den Kopf, und er richtet sein ganzes Sinnen und Trachten auf Ausbruchsversuche. Die Vernunft des

Zwillings und der Verstand des Steinbocks könnten ein prima Paar ergeben, aber wo gibt es schon Ideale im wirklichen Leben. Pflicht und Neigung gehen wohl eher selten zusammen. Naturgemäß ist der Steinbock auch eine Herrschernatur, da hat der Zwilling wenig zu lachen, und er lacht nun mal gern.

Zwillinge / Fische

Auch Fische sind Doppelwesen. Der eine Fisch schwimmt stromaufwärts, der andere stromabwärts. Dennoch überwiegen wohl eher die Missverständnisse im Verhältnis zwischen Fischen und Zwillingen. Beim Liebesspiel ist fast alles in Ordnung, Fische sind ideenreiche Verführer. Doch schon das lange Vorspiel ist selbst dem Zwilling manchmal zu lang. Schlimmer ist es mit den Gefühlen. Fische können sich ganz und gar darin verlieren, sie erreichen in ihrer Verliebtheit mitunter einen seelischen Zustand, der nicht mehr von dieser Welt ist. Aber wehe, sie erfahren, dass der Partner auch gern mal auf einer anderen Hochzeit tanzt. Schwere Depressionen, das Gefühl von Verrat sind die Folge. Fische können nicht, wie Zwillinge, den Augenblick genießen, ohne gleich Folgerungen für die Zukunft daraus zu ziehen. Sie sehen in allem einen tieferen Sinn und setzen ihre Kreativität dafür ein. Ein typischer Zwilling bewirkt bei ihnen eher, dass sie sich in einen Schmollwinkel zurückziehen, denn was das agile und nach allem und jedem schauende Luftwesen so tut, empfinden sie häufig als Beleidigung.

	Love & Sex	Intellekt	Dauerbrenner	Stressfaktor
Widder	❤️❤️❤️❤️	💡💡	⏰⏰	⚡⚡⚡
Stier	❤️❤️❤️❤️	💡💡	⏰	⚡⚡⚡⚡
Zwillinge	❤️❤️❤️❤️	💡💡💡💡💡	⏰⏰	⚡⚡⚡⚡
Krebs	❤️❤️❤️	💡💡	⏰⏰	⚡
Löwe	❤️❤️❤️	💡	⏰	⚡⚡⚡⚡
Jungfrau	❤️❤️	💡💡💡	⏰	⚡⚡
Waage	❤️❤️❤️❤️	💡💡💡💡	⏰⏰⏰⏰	⚡
Skorpion	❤️❤️❤️❤️❤️	💡	⏰⏰	⚡⚡⚡⚡
Schütze	❤️❤️❤️	💡	⏰⏰	⚡⚡⚡
Steinbock	❤️	💡💡💡💡	⏰⏰	⚡⚡
Wassermann	❤️❤️❤️	💡💡💡💡	⏰⏰⏰	⚡
Fische	❤️❤️❤️❤️		⏰	⚡⚡⚡⚡

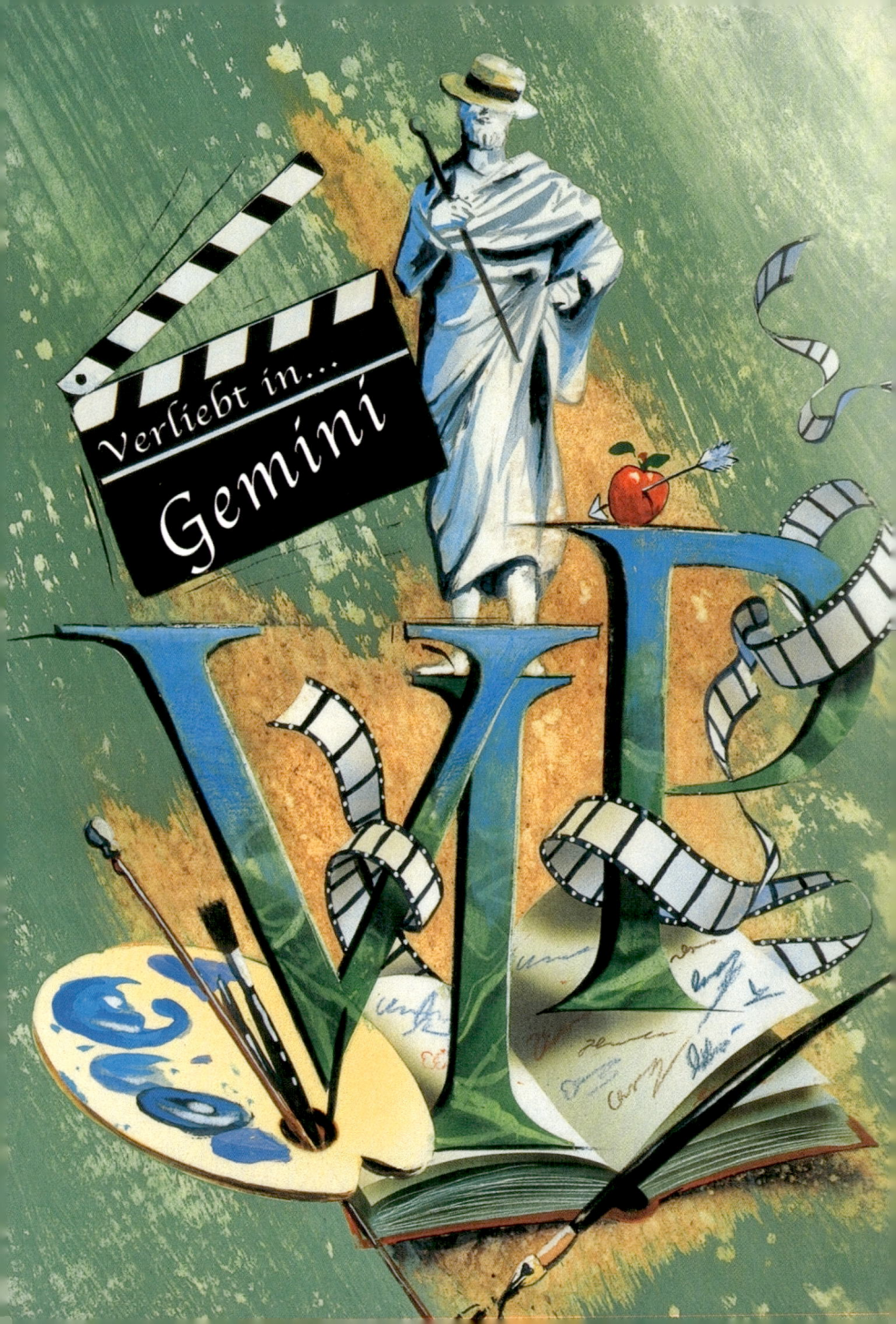

Verliebt in...
Gemini

4. Stars und Sterne: Zwillinge, von denen man spricht

Zwillinge gelten in der Liebe nicht gerade als die beständigsten. Man sagt ihnen nach, frühestens die zweite Ehe werde eine glückliche Ehe. Wenn als Umkehrschluss gilt, dass die erste Ehe demzufolge unglücklich sein müsste, lassen sich bei prominenten Zwillingen dafür natürlich Beispiele finden. Aber auch die Unbeständigkeit mancher Prominenter in Herzensangelegenheiten kann ebenso gut ihrem persönlichen oder beruflichen Umfeld geschuldet sein wie dem Lauf der Gestirne …

Kommunikative Frauen

5000 Briefe

Elisabeth Charlotte, geb. am 27. Mai 1652 in Heidelberg als Tochter des Kurfürsten Karl Ludwig von der Pfalz, wurde 1671 mit dem jüngeren Bruder des „Sonnenkönigs", dem Herzog Philipp von Orleans verheiratet. Der Tod ihres Bruders 1685 gab Ludwig XIV. den Vorwand für den Pfälzischen Erbfolgekrieg, der die „Erbfeindschaft" zwischen Deutschen und Franzosen für über 250 Jahre befestigte. Elisabeth Charlotte starb am 8. Dezember 1722 in Saint-Cloud.

Sie schrieb Briefe, um den goldenen Käfig ihrer Einsamkeit zu durchbrechen. 5 000 sind erhalten geblieben. Verheiratet mit einem ungeliebten Mann – Herzog Philipp I. von Orleans, dem Bruder Ludwig XIV. – der Gnade des Königs verlustig gegangen und von der Verachtung der letzten königlichen Mätresse, Mme de Maintenon, verfolgt, blieb sie Zeit ihres Lebens eine Fremde am französischen Hof. Elisabeth Charlotte von der Pfalz litt darunter, dass in ihrer Heimat verheerender Krieg wütete, „und was mich am meisten daran schmerzt, ist, dass man sich meines namens gebraucht, umb die armen leute ins eußerste unglück zu stürzen", schrieb sie an die Herzogin Sophie von Hannover im März 1689. Sie gesteht ihr, „alle nacht, sobald ich ein wenig einschlafe, deucht mir, ich sey zu Heidelberg oder zu Mannheim und sehe alle die verwüstung, und dann fahr ich im schlaf auf und kann in 2 ganzer stunden nicht wieder einschlafen; dann kompt mir in sinn, wie alles zu meiner zeit war, in welchem stand es nun ist, ja in welchem stand ich selber bin, und dann kann ich mich des flennens nicht enthalten." Oft war sie derber in ihren Briefen, sie schilderte mit spitzer Feder, was sie mit scharfem Blick erkannte: dass all die vielen betressten Herzöge, die sich in Versailles, Saint Cloud oder Fontainebleau tummelten, im Grunde nur Sklaven des höfischen Systems waren. Eine späte Genugtuung erlebte sie am Ende ihrer Tage: Ihr Sohn, Philipp II. von Orleans, führte nach dem Tod Ludwigs XIV. für acht Jahre die Regentschaft für den minderjährigen Thronfolger, Ludwig XV.

... mit einer rote Flanellbluse ...

Sie war eine Tänzerin, die durch eigenwillige und un-akademische Interpretationen klassischer Musik Welt-ruhm erlangt hatte. Als sie nach Russland kam, glaub-te sie, in ein „ideales Land" zu kommen, wie es Plato, Karl Marx und Lenin geträumt hatten. „Von meinen Er-fahrungen in Europa enttäuscht, war ich bereit, meine ganze Lebenskraft und meine künstlerischen Gedanken den Idealen des Kommunismus zu opfern. Ich hatte gar keine Kleider mitgenommen, denn ich dachte, ich wür-de, nur mit einer roten Flanellbluse bekleidet, mich zwischen gleichberechtigten Genossen in brüderlicher Liebe bewegen." Ein paar Kleidungsstücke mehr hat sie schon mitgenommen, als sie im Juli 1921 in Petrograd eintrifft. Volkskommissar Lunatscharski stellt ihr Räu-me für eine Ballettschule, die sie im Dezember eröffnet. Im Atelier eines Künstlers trifft sie den Dichter Sergej Jessenin. Ein erotisches Elementarereignis, auf das Jes-senins Freunde missgelaunt und eifersüchtig reagie-ren. Später werden sie behaupten, der Dichter habe sich nicht in die Person Isadora verliebt, sondern in de-ren Weltruhm, eigentlich ihn geheiratet, um sich mit ihm zu schmücken. Umgekehrt möchte die 44-jährige Isadora ihrem 18 Jahre jüngeren Liebhaber auch etwas von ihrer Welt zeigen. Im Mai 1922 gehen sie auf eine Weltreise: Berlin, Paris, New York. Kurz zuvor haben sie geheiratet. Für Isadoras Empfindungswelt ist Sergej Jessenin manchmal wie ein Kind: empfindsam, nervös, ängstlich und trotzig – bei allem immer: unberechen-bar. Ihre eigenen Kinder hatte sie 1913 bei einem Au-tounfall verloren. Im August 1923 kehrt das ungleiche Paar, voneinander ernüchtert, nach Russland zurück. Isadora Duncan hatte Jessenin die Welt zeigen wollen, er aber hatte gar nicht hingesehen. Sie trennen sich.

Isadora Duncan, geb. am 26. Mai 1877 in San Francisco, machte nach 1900 mit einer neuartigen Form des Aus-druckstanzes von sich reden, den sie völlig von den Bindungen des klassi-schen Balletts befreite. Isadora Duncan gründete mehrere Ballettschulen, u.a. in Berlin (1904) und Moskau (1923). Sie starb durch einen grotesk anmutenden Unfall am 14. September 1927 in Nizza.

Ende Dezember 1925 nimmt sich Jessenin in einem Hotelzimmer das Leben. Isadora Duncan legt am 14. September 1927 einen langen, flatternden Seidenschal an; auf der Promenade in Nizza gerät dieser Schal in die Räder eines Autos und erdrosselt sie.

In der blauen Lagune

Brooke Shields, geb. am 31. Mai 1965 in New York, wurde ein viel beschäftigtes Werbebaby – dank des entschlossenen Managements ihrer Mutter, die 1977 die „Brooke-Shields-Company" gründete, mit der sie die Vermarktung ihrer Tochter in Film, TV und Comic, auf Kaugummis und T-Shirts betrieb. Filmrollen in „Pretty Baby" (1977), „Die blaue Lagune" (1980) und „Endlose Liebe" (1981) machten die Schauspielerin mit der Ausstrahlung eines Sterntaler-Mädchens zum internationalen Star.

Sie schwamm mit Christopher Atkins durch die blaue Lagune. Dann tauschten sie die ersten Küsse. Dann setzte Columbia Pictures viel Weichzeichner ein, und hinter diesem Schleier muss es so was wie Sex gegeben haben, denn gegen Ende des Films wird ein Kind geboren. Die Geschichte der beiden Halbwüchsigen, die auf einer Südseeinsel stranden und außer der unberührten Natur auch die Liebe für sich entdecken (übrigens ein Remake des britischen Originals von 1948) machte Brooke Shields – damals 15 – weltberühmt. Am frühen Ruhm hatte ihre Mutter Anteil; schon im Babyalter musste Brooke als Fotomodell posieren und für Windeln und Kindernahrung werben. Mit 11 Jahren spielte sie in Louis Malles umstrittenem Film *Pretty Baby*, der sich mit dem Tabuthema Kinderprostitution beschäftigte. Und mit 16 durfte sie in Franco Zefirellis *Endless Love* wieder Jugendliebe mimen. Bei derart frühem Karrierebeginn nimmt es nicht wunder, dass die Aktrice bereits im reifen Alter von 20 Jahren ihre Autobiographie vorlegte. Dann wurde er ruhiger um den Jungstar. Sie studierte romanische Sprachen und Literatur und verliebte sich in Tennisass André Agassi (Stier), in dem sie nach vielen puritanischen Filmliebeleien nun den richtigen Partner fürs Leben gefunden zu haben scheint. Für Brooke eine Chance, sich vom beherrschenden Einfluss ihrer Mutter zu befreien.

Beherzte Männer

Das hohe Paar zu Bayreuth

Von ihr sagten lästerliche Zungen, sie habe sich durch die halbe Musikwelt geschlafen und sei nun entschlossen, sich die andere Hälfte vorzunehmen. Die andere Hälfte war Richard Wagner. Und die Frau hieß Cosima: die Tochter Franz Liszts und angetraute Gattin des Dirigenten Hans v. Bülow. Am 3. Mai 1864 erreicht Wagner die Nachricht, dass König Ludwig II. von Bayern seine Schulden übernehmen und ihm die komfortabelsten Arbeitsbedingungen gewähren würde. Wagner zieht nach München und kassiert. Schon am 29. Juni kommt Cosima zu ihm, zu der ihn schon eine uneingestandene Liebe gepackt hat. „Da Bülow Vorbereitungen zu seinem Konzerte zu treffen hatte", schreibt Wagner später, „fuhr ich mit Cosima allein … auf die Promenade. Diesmal ging uns Schweigenden der Scherz aus: wir blickten uns stumm in die Augen, und ein heftiges Verlangen nach eingestandenster Wahrheit übermannte uns zu dem keiner Worte bedürfenden Bekenntnis eines grenzenlosen Unglücks, das uns belastete. Und war Erleichterung geworden." Dem Augen-Sex folgte der körperliche. Und bald folgte die Geburt von Cosimas Tochter Isolde. Bülow studierte gerade in München den Tristan ein und tat so, als wüsste er von nichts. Münchens feine Gesellschaft beargwöhnte misstrauisch das ehebrecherische Verhältnis, doch Wagner veranlasste Ludwig II. zu einer Ehrenerklärung. Später heirateten Richard und Cosima und residierten als „hohes Paar" zu Bayreuth, veranstalteten vom Geld des Königs Bühnenweihfestspiele. Cosima wird Wagners Priesterin – und bleibt es, weit über seinen Tod hinaus.

Richard Wagner, geb. am 22. Mai 1813 in Leipzig, nahm am Dresdner Maiaufstand von 1849 teil und musste für zehn Jahre ins Schweizer Exil, wo er den „Ring des Nibelungen" entwarf und bis zum 2. Akt des „Siegfried" komponierte sowie die wichtigsten kunsttheoretischen Schriften verfasste. 1872 legte er den Grundstein für das Festspielhaus in Bayreuth, das 1876 mit der „Ring"-Tetralogie eingeweiht wurde. Richard Wagner starb am 13. Februar 1883 in Venedig.

Der Seeteufel

Er war der Inbegriff des schneidigen preußischen See-offiziers, geboren im gemütlichen Sachsen. Er brannte von zu Hause durch, kam als Schiffsjunge bis nach Australien, schlug sich als Tellerwäscher, Missionar der Heilsarmee, Leuchtturmwärterassistent, Fakirgehilfe und Jahrmarktsboxer durch. Er trampte quer durch den amerikanischen Kontinent, bevor er wieder anheuerte und die ganze Welt bereiste. Sein Kapitänspatent machte er auf der Hamburg-Amerika-Linie; während des Ersten Weltkriegs diente er als Artillerieoffizier auf dem Schlachtschiff *Kronprinz*. Dann erhielt er das Kommando, das ihn zur Legende machte. Ende 1916 durchbrach Felix Graf Luckner mit dem zum Hilfskreuzer aufgerüsteten Segelschiff *Seeadler* die britische Blockade und kaperte bis August 1917 14 gegnerische Schiffe mit 60 000 BRT Schiffsraum, ohne dass bei diesen Aktionen ein einziger Mann getötet wurde. Dann strandete er auf einer Südseeinsel und geriet in britische Gefangenschaft, aus der er erst 1919 frei kam. Währenddessen starb in Deutschland seine erste Frau Petra. 1924 heiratete er in Malmö Ingeborg Engeström; aber Ruhe fand er im „Heimathafen" nicht. Unermüdlich bereiste er als „Good-will-Missionar" die Welt und warb für Völkerverständigung. Die Nationalsozialisten entzogen ihm seinen militärischen Rang und die Erlaubnis Vorträge zu halten, weil er sich weigerte, seine amerikanischen Ehrenbürgerschaften zurückzugeben. Am Ende des Zweiten Weltkriegs bewahrte er Halle durch seine Verhandlungen mit den Amerikanern vor der völligen Zerstörung. Später nahm er sein unruhvolles Leben wieder auf, schrieb seine Memoiren und hielt Vorträge, die seinem Nimbus von Abenteuer und Heldentum immer wieder Nahrung gaben.

Felix Graf Luckner, geb. am 9. Juni 1881 in Dresden, wurde als Kommandant eines zum Hilfskreuzer aufgerüsteten Segelschiffes (1916/17) bekannt. Sein Erinnerungsbuch „Seeteufel" (1921) erreichte nach 10 Jahren bereits über eine Viertelmillion Auflage. Seit seinem Tod am 13. April 1966 in Malmö leben immer wieder Gerüchte über die angeblich verborgene Beute seiner Kaperfahrten auf.

„... this is a 44 Magnum ..."

„... the most powerful handgun in the world, that will blow your head clean off. You've got to ask yourself a question: Do I feel lucky?" Sekunden später zuckt der Gangster zur Waffe, aber der letzte Schuss aus der .44er Magnum von Harry Calahan streckt ihn nieder. Als 1972 *Dirty Harry* in die Kinos kam, war die intellektuelle Filmkritik entsetzt. Ein „abgrundtief unmoralischer Film" wurde er genannt und Regisseur Don Siegel und Hauptdarsteller Clint Eastwood sogar „Faschismus" vorgeworfen. Dass ein Polizeibeamter Gerechtigkeit herstellt, ohne das geschriebene Recht zu achten, schien schwer tolerierbar. „Verrückt", meinte Clint Eastwood zu diesen Anwürfen. „Es geht nicht um die Gewalt. Es geht um den Mann, der nicht verstehen will, dass die Gesellschaft Gewalt toleriert." Dennoch wirkte der Schuss aus der .44er Magnum, mit dem Clint Eastwood als „Dirty Harry" den skrupellosen Gangster Scorpio wegpustet, wie der Startschuss zu einer ganzen Reihe kinematografischer Gewaltfantasien, die sich mit den Namen Sylvester Stallone, Arnold Schwarzenegger oder Mel Gibson verbinden. An den Kinokassen jedenfalls bekannten sich die Amerikaner zu jenem höchst tadelnswerten Ritter ohne Furcht, der nicht aus krimineller Energie, sondern aus konservativer Gesinnung und Gerechtigkeitsempfinden tötet. Clint Eastwoods Privatleben blieb jahrelang der Boulevardpresse viel zu sauber. Erst als 1979 seine Ehe mit Maggie Johnson nach 26 Jahren in die Brüche ging und seine Beziehung zu Sondra Locke viel Schmutzwäsche hinterließ, begann man, „Dirty Harry" ungezählte Affären nachzusagen und ihn zum „dirty old man" abzustempeln. Aber er wäre nicht Clint Eastwood, wenn er sich davon beeindrucken ließe.

Clint Eastwood, geb. am 31. Mai 1930 in San Francisco, dreht nach sieben Jahren Arbeit für eine US-TV-Serie in Europa drei Italo-Western unter Sergio Leone (u.a. „Für eine Handvoll Dollar" 1964) und wurde mit Filmen wie „Dirty Harry" (1971), „Magnum Force" (1973) und „Flucht von Alcatraz" (1979) zum Prototyp des Revolverhelden mit unbeugsamem Gerechtigkeitssinn. 1986 wurde er zum Bürgermeister seiner Heimatstadt Carmel-by-the-Sea gewählt.

Bekannte Zwillinge-Frauen und ihre Verbreitungsgebiete

Hollywood & Co   Lili Palmer, Judy Garland, Kathleen Turner, Paulette Goddard, Isabella Rosselini, Inge Meysel, Gudrun Landgrebe, Annette Benning, Marilyn Monroe, Jane Russell, Gina Lollobrigida

Regiestuhl   Doris Dörrie, Agnès Varda, Lotte Reiniger, Chantal Akerman

Theater   Helene Thimig, Hermine Körner, Maria Andergast

Konzertsaal   Alicia de Larocha, Martha Argaerich

Oper   Ingeborg Hallstein, Anneliese Rothenberger, Inge Borkh, Sigrid Onegin

Ballett   Isadora Duncan, Darci Kistler, Nina Timofejewa

Rock & Pop   Suzie Quattro, Bonnie Tyler, Gianna Nanini

Dichterstube   Gabriele Wohmann, Rahel Levin, Harriet Beecher-Stowe, Francoise Sagan, Utta Danella, Bertha von Suttner, Marguerite Yourcenar

Staffelei   Natalia Gontscharowa

Lehrstuhl   Ruth Benedict (Ethnologin)

Labor   Amalie Dietrich

Trend   Naomi Campbell (Model), Grace Mirabella (Vogue)

Politik   Aung San Suu Kyi (Burma), Benazir Bhutto (Pakistan)

Geschichte   Königin Victoria von England, Anne Frank

Sportarena   Steffi Graf (Tennis), Irene Epple (Ski alpin)

Luftraum/Orbit   Sally Ride (US-Astronautin), Elly Beinhorn (Fliegerin)

Bekannte Zwillinge-Männer und ihre Verbreitungsgebiete

Stacey Keach, Laurence Olivier, John Wayne, Dean Martin, Errol Flynn, Tony Curtis, Michael J. Fox	**Hollywood & Co**
Josef von Sternberg, Rainer Werner Fassbinder	**Regiestuhl**
Dietrich Fischer-Dieskau	**Oper**
Benny Goodman, Cick Corea, Billy Joel, James Brown	**Jazz, Rock & Pop**
Luciano Berio, György Ligeti, Michail Glinka, Robert Schumann, Richard Strauss, Igor Strawinski	**Notenzimmer**
Albrecht Dürer, Henri Rousseau, Hans Makart, Paul Gaugin, Gustave Courbet, John Constable, Egon Schiele	**Staffelei**
Frank Lloyd Wright, Günter Behnisch	**Architekturbüro**
Ben Jonson, Arthur Conan Doyle, Michail Scholochow, Max Brod, Ian Fleming, Ludwig Tieck, Federico Garcia Lorca, Thomas Mann, Alexander Puschkin	**Dichterstube**
Alfred Hugenberg, Friedrich Bayer, Cornelius Vanderbilt	**Chefetage**
Thomas Chippendale, Christo	**Trend**
Friedrich Sertürner	**Apotheke**
Andrej Sacharow, Daniel Gabriel Fahrenheit	**Wissenschaften**
Oswald Spengler, Blaise Pascal, Jean-Paul Sartre	**Philosophie**
George Stephenson, Nikolaus August Otto	**Technik**
Edward („Der schwarze Prinz"), König Philipp II. von Spanien, John Churchill Earl of Marlborough	**Geschichte**
Anatoli Karpow (Schach), Paavo Nurmi (Langlauf)	**Sportarena**
Otto Lilienthal, Igor I. Sikorsky	**Luftraum**

5. Lifestyle: Wie Zwillinge leben

Diese Frohnaturen leben intensiv, lassen ihre Stimmungen immer unmittelbar raus und fressen weder Kummer in sich hinein, noch behalten sie ihre Freude still für sich. Ein wirklich angenehmes Leben ist für sie nur unorganisiert und voller Überraschungen denkbar. Sie sind ungeheuer kommunikativ. Nichts hassen sie mehr, als wenn alles seinen Platz behalten muss. In schwierigen Situationen bleiben sie cool und versuchen, aus allem das Beste zu machen. Ihre Zweifel, die sie zuweilen beschleichen und ihr Selbstwertgefühl schmälern, vertuschen sie mit extravaganten Äußerlichkeiten. Als Verwandlungskünstler sind sie unerreicht.

Business as usual

Der Tag beginnt manchmal schon in der Nacht, und Zwillinge sind mit Organisieren oder Reisevorbereitungen beschäftigt, wenn andere noch schlafen. Wenn es dagegen letzte Nacht doch sehr spät geworden ist, schlafen sie einfach länger und lassen sich auch von einem rasselnden Wecker nicht stören. Trotz ausgedehnter Morgentoilette sind sie die ersten am Frühstückstisch. Nebenbei nehmen sie die neusten Tagesmeldungen aus dem Radio auf. Wenn sie endlich im Büro eintreffen, lassen sie sich selbst vom Chef, der vorwurfsvoll auf die Uhr blickt, nicht die gute Laune vermiesen. Sie sind meist eher mit der Arbeit fertig, als andere. Das schafft Freiräume, in denen schnell mal mit der Chefsekretärin oder dem Abteilungsleiter geflirtet und eine Verabredung für den Abend getroffen wird.

Wochenend und Sonnenschein ...

Ein festes Hobby ist nicht ihre Sache. Lieber entscheiden sie spontan und nach Wetterlage, was sie unternehmen. Sie sind zum Frühstückspicknick am See, den man bisher nur vom Autofenster aus kennt, genauso bereit, wie zum Ausprobieren eines neuen Vergnügungsparks. Haben sie beim Ausflug den Laptop mit, ist ziemlich sicher, dass sie noch mit der Lösung einer Aufgabe beschäftigt sind, die ihnen am Freitagnachmittag gestellt wurde. Kein Wochenende ohne Party- oder Diskobesuch. Sollte wirklich mal Flaute sein, wird spontan ein Gartenfest organisiert, zu dem so ziemlich jeder, der ihnen gerade über den Weg läuft, eingeladen wird. Zwillinge sind in der Freizeit oft damit beschäftigt, ihre verrücktesten Ideen zu verwirklichen, wie

♥ eine Spritztour mit Freunden zur Gebirgs-Wildwasser-Kreuzfahrt im Kanu;

♥ Käfersafari mit dem Fahrrad auf der Vorortwiese mit anschließender Trophäenfeier;

♥ Überraschungsbesuch bei einem Kollegen, der am Vortag über die Vorbereitungen zur Familienfeier stöhnte.

♥ Selbst die unerwartete Autopanne bei der Fahrt ins neu eröffnete Ausflugslokal verbuchen sie noch als gelungene Wochenendeinlage, wenn sie durch die erfolgte Hilfeleistung jemanden kennen gelernt haben. Selbst die Schlechtwettervariante, Rundruf und Einladung zum gemütlichen Plauderstündchen, lässt die Zeit nicht ungenutzt und trübsinnig verstreichen. Noch bevor sich der Sonntag dem Ende zuneigt, stecken sie schon wieder voller Pläne fürs nächste Wochenende.

Sich wohl fühlen

1: Body …

Normalerweise kümmern sich Zwillinge kaum um Körperprobleme, sie sind fit und auch körperlich zu außergewöhnlichen Aktionen fähig. Da sie ständig in Bewegung sind und auch abwechslungsreiche Kost bevorzugen, können sie auf nervende Kuren und Zwangsdiäten gut verzichten. Kalorientabellen dienen höchstens zur Qualitätsbewertung der Nahrungsmittel. Sie joggen, fahren Rad oder gehen ins Fitnessstudio, aber nie regelmäßig, das würde sie langweilen. Für nur eine Sportart bringen sie nicht die Ausdauer auf.

2: … and Soul

Während viele andere nach unvorhergesehenen Schicksalsschlägen in einem seelischen Tief landen, überspringen Zwillinge es mit einem kühnen Satz. Geraten sie doch einmal hinein, dauert die Phase der Depression nie lange an. Mit der Mentalität des Stehaufmännchens bringen sie es fertig, andere mit der Erfahrung selbst erlittenen Schmerzes zu trösten. In der Regel stehen sie dafür auch gern zur Verfügung. Wenn man sie aber permanent als seelischen Abfalleimer benutzen will, reagieren sie sauer und gereizt. Da sie aber wie kaum ein anderes Sternzeichen Schwankungen auch in ihrem Gefühlshaushalt erleiden, kann es passieren, dass sie in der gleichen Angelegenheit einmal so und das nächste Mal wieder ganz anders raten. Eigentlich sind sie nie ganz bei der Sache.

Outfit

Zwillinge-Frauen sind nicht an einer Mode oder Klei-
dermarke zu erkennen. Da sie viele Frauen zugleich ver-
körpern, schlüpfen sie auch stets in neue Hüllen. Das
mondäne Abendkleid hängt genauso im Kleider-
schrank wie einfache Jeans und Pulli. Wer genau hin-
schaut, kann an ihrem Outfit ihren jeweiligen Gemüts-
zustand ablesen. Die Kleidung der Zwillinge-Damen
soll praktisch sein und dem Anlass entsprechen. Sie
lieben es, modischen Trends zu folgen, und schrecken
auch vor den ausgefallensten Ideen nicht zurück. Doch
nutzen sie eher das Warenhaus als die Exklusivbou-
tique. Sie bevorzugen Helles und Auffälliges. Allerdings geht ihre Liebe für Extravaganzen nicht so weit,
dass sie diesen um jeden Preis nachjagen oder sich
vielleicht lächerlich machen. Den neuesten Hut aber
tragen sie mit der größten Selbstverständlichkeit.

♥ Der helle Smoking liegt ihm mehr als der dunkle, steife Frack. Auf jeden Fall liebt er es bequem und nicht eingeengt. Im Vergleich zu vielen seiner männlichen Artgenossen legt der Zwillinge-Mann viel Wert auf sein Äußeres, auf passende, seinen Typ unterstreichende Kleidung die er mit Lässigkeit trägt. Zur auffallend teuren Hose trägt er gern mal ein billiges T-Shirt. Von seinen vielen Reisen, bringt er sich auch hin und wieder ein ungewöhnliches Hemd oder eine exotische Krawatte mit, ist aber kaum Individualist in Modedingen.

Ausgehen und Genießen

Zwillinge sind keine einsamen Wanderer. Ob im Konzert, auf der Maiwiese oder im Stammlokal, man wird sie stets unter vielen Menschen finden. Sie gehen gern mit Freunden essen, aber nicht in erster Linie wegen des Essens, das schon etwas Besonderes bieten sollte, sondern, um sich anregend zu unterhalten und zum Beispiel über den neusten Film zu diskutieren.

♥ Locations, an denen sich Zwillinge am liebsten aufhalten, sind große Restaurants in der Nähe von Veranstaltungsorten oder im Hotel, wo die Möglichkeit, viele Leute zu treffen, am größten ist. Das Fußballstadion ziehen sie dem Fernseher vor. Sie sind auch keine Gegner von Fastfood-Hallen.

♥ Anti-Locations: Kleine Cafés mit schummrigem Licht und einschläfernder Atmosphäre. Szene-Kneipen, in denen Tag für Tag die gleichen Riten angesagt sind und ewig die gleiche Musik läuft. Literaturzirkel, bei denen zum x-ten Mal derselbe Dichter liest.

♥ Essen gehen ist für Zwillinge nicht unbedingt etwas Besonderes. Außer vielleicht in ihrer Stammkneipe, in die sie immer wieder mal reinschauen, bevorzugen sie die Abwechslung und probieren immer wieder neue Lokalitäten und deren Küche aus. Sie kennen sich bei den Gerichten verschiedener Nationalitäten gut aus und haben immer ein paar Reiseanekdoten dazu parat.

♥ Trinken gehört für Zwillinge zu jeder fröhlichen Runde, in denen sie sich am liebsten aufhalten. Bier und Wein bevorzugen sie wegen ihrer anregenden Wirkung. In ihrem Kühlschrank befindet sich stets eine Flasche Sekt für alle Fälle.

♥ Partys sind ihr Elixier. Als gern gesehene Gäste sorgen sie für Abwechslung, die sie ja selber lieben. Auch in der langweiligsten Gesellschaft geben sie nicht so schnell auf und landen einen Gag, der das Ganze noch rumreißt. Sie schreiben einen spannenden Bericht für die Lokalzeitung darüber und haben damit ihre nächste Einladung garantiert sicher.

Zu Hause sein

Das muss nicht unbedingt die eigene Wohnung heißen. Überhaupt sind Zwillinge nicht sehr sesshaft. Großzügige helle Räume ziehen sie dem kleinen gemütlichen Heim vor. Sie träumen von Schlössern mit vielen unbekannten Türen, würden aber doch nie wirklich eins beziehen wollen. Aber sie lieben es, durch Säle zu schreiten. In der eigenen Wohnung räumen sie häufig um. Sind da die Möglichkeiten beschränkt, suchen sie nach einer neuen. Der häufige Tapetenwechsel geht zwar ins Geld, aber sie brauchen ihn für ihr Wohlbefinden. So ein Wechsel kündigt sich an, wenn sie sich öfter als sonst bei Freunden zu Hause umsehen.

♥ Die Atmosphäre einer Zwillinge-Wohnung ist leger. Nichts hat seinen festen Platz, deshalb suchen sie ständig nach irgendetwas. Sie haben nur Praktisches im Haushalt, wechseln häufiger die Bilder an der Wand und halten nichts von strenger Zimmeraufteilung. Das eine grandiose Möbelstück, nach dem sie wochenlang herumgerannt sind, ist nach spätestens einem Jahr in einer Kammer verschwunden, weil sie es über haben. Wichtig ist ihnen viel Licht, auch an unnötigen Stellen.

♥ Das Ambiente ist eher modern zusammengewürfelt als stilvoll. Zwillinge folgen selten Architektenrat oder Katalogempfehlungen. Sie bestimmen ihren Stil selbst und wechseln ihn ständig.

Wegfahren

Zwillinge suchen Orte, an denen es Tag und Nacht brodelt, wo viel passiert. Da sammeln sie Kraft und Anregung für ihre eigene körperliche wie geistige Beweglichkeit. Einmal im Jahr an einen stillen Ort zu fahren, um nichts und niemanden zu sehen, würde sie krank machen. Übervolle Strände oder überbevölkerte Städte sind ihre Highlights. Deshalb bevorzugen sie zum Beispiel Ziele in Asien: traditionelle buddhistische Prachtbauten neben modernen Glasfassaden der Hightechwelt. Aber auch die großen US-amerikanischen Städte üben auf Zwillinge eine große Faszination aus.

Traumwelten

Zwillinge schaffen sich ihre Traumwelten selbst, indem sie früher oder später dichten und Geschichten schreiben. Das Schreiben versetzt sie in die Lage, für einige Zeit in ihre Fantasien abzutauchen. Dabei greifen sie Details aus ihrer Erlebniswelt auf, die sie oft publizistisch erkundet haben. Das Neue, Unbekannte, Abnorme reizt sie auch da. Eine andere Traumwelt, in der sich Zwillinge ausleben und die sie beflügelt, ist die Musik. Wenn sie nicht selber musizieren oder komponieren, sind sie aufmerksame Hörer verschiedener Richtungen und Trends. Ihr absoluter Traum aber ist ein Weltraumflug.

Laster

Zwillinge können einem mit ihren schwankenden Stimmungen die Lust auf eine lange gemeinsame Reise vermiesen. Wenn alles bestens läuft, sorgen sie mit ihrer Schusseligkeit schnell für Aufregung. Sie lieben das ewige Pannenauto mehr als den perfekten Dauerbrenner, und sie nehmen die durchweg gute Laune eines anderen mitunter übel und freuen sich diebisch, wenn sie es geschafft haben, diese zu vertreiben. Aber nur, um selbst wieder den humorvollen „Retter" zu spielen.

Accessoires, unentbehrliche	Der Regenschrim bei Sonnenschein, schließlich lässt er sich vielseitig verwenden, und das Handy, um stets erreichbar zu sein.
Blumen	Lassen sie lieber an Ort und Stelle. Sie freuen sich an ihrer Veränderung in der Natur und möchten sie nicht in die Vase stellen. Zur Geburtstagsfeier bevorzugen sie es, lieber einen edlen Tropfen mitzubringen als Blumen.
Cityverbindungen	Großstädte mit weiter Ausdehnung und vielen Menschen interessieren Zwillinge am meisten. Los Angeles, um unbedingt einen Abstecher nach Hollywood zu machen, Budapest mit dem Gewimmel auf der Fischer-Bastei und Bangkok mit seinen riesigen Märkten, wo man nicht nur alles kaufen kann, sondern wo es auch die unmöglichsten Situationen und Typen gibt.
Drinks	Am besten, es prickelt und macht lustig. Statt sich den ganzen Abend am Longdrink festzuhalten, ziehen sie verschiedene Gänge vor.
Edelsteine	Helle und leuchtende Steine entsprechen den Zwillingen: Gelbe und grünliche Berylle muntern sie auf. Bernstein erwärmt ihr Gemüt in kühlen Zeiten. Topas lieben sie wegen der verschiedenen Farbvarianten. Aquamarin erinnert sie an den Urlaub und die glänzende Oberfläche des Wassers.
Fernsehen	Zwillinge sehen darin nur ein Informationsmittel. Bei Unterhaltungssendungen schalten sie prinzipiell ab. Magazine und Nachrichten, auch wenn sie erst spät in der Nacht laufen, sehen sie gern. Manchmal ziehen sie sich auch einen Spielfilm rein, den sie im Kino verpasst haben. Für Serien fehlt ihnen die Ausdauer, zumal sowieso klar ist, was da passiert. Eine Ausnahme gibt es: *Star Trek*, da sind sie Fans.

Damit haben sie selten Probleme. Wenn sie mal zur Ruhe gezwungen sind, rächt sich der Körper, und Krankheiten, die im hektischen Tagesablauf einfach verdrängt wurden, brechen mit Macht durch. Da Zwillinge vernünftigerweise ärztliche Anweisungen genau befolgen und selbst aktiv den Gesundungsprozess fördern, kommen sie schnell wieder auf die Beine.

Gesundheit

Zwillinge verzichten lieber auf Haustiere, weil die regelmäßig versorgt werden müssen und weil es meist schwierig ist, sie bei Reisen irgendwo unterzubringen. Ansonsten finden sie Vögel interessant.

Haustiere

Im ganzen Trupp mit der knatternden Harley-Davidson über den Highway.

Idyll

Schabernack und Witze liegen ihnen mehr als tiefgründiger Humor. Bei Mister Bean können sie sich ausschütten vor Lachen. Am liebsten denken sie sich selbst einen Scherz aus. Da es immer wieder etwas anderes ist, fällt jeder garantiert drauf rein. Nur ausgerechnet am 1. April verzichten sie darauf …

Jux

Sie gehen öfter mal ins Kino, bevorzugen Filme mit viel Effekt wie *Independence Day* oder *Jurassic Park*. Filme sollen ihnen interessante Geschichten erzählen und nicht in Metaphern schwelgen. Zu ihren Lieblingsfilmen gehören auch alte Historienschinken wie *Spartakus*.

Kino

Wenn sie mit einem Problem nicht weiterkommen, greifen sie schon mal zum Fachbuch. Dicke Romane sind ihnen ein Horror. Die Wälzer von Grass und Handtke haben sie schon zigmal begonnen, ohne je die Hälfte erreicht zu haben. Humorvolle Kurzgeschichten nehmen sie gern für unterwegs mit, am besten im Taschenbuch.

Lesen

Musik Im größten Stress setzen sie mit Heavy metall noch eins drauf. Musik verschiedenster Stilrichtungen begleiten sie durch den Tag. Obwohl sie in der Regel die schnellen, heißen Rhythmen bevorzugen, sind sie bei der unverhofft gespielten *Kleinen Nachtmusik* von Mozart selbst überrascht, wie gut die ihnen plötzlich wieder gefällt.

New Age Allem Esoterischen stehen Zwillinge eher skeptisch gegenüber. Sie wollen schon genau wissen, was da passiert. Für okkulte Sitzungen sind sie viel zu albern.

Outdoor Mal eine Nacht in der Wildnis finden Zwillinge aufregend, aber dauerhaft auf die Bequemlichkeit eines Luxushotels zu verzichten, wäre ihnen nicht recht. Sie geben sich gern weltmännisch in fremder Umgebung, dennoch können sie ihre Herkunft nicht verleugnen.

Prosa Zwillinge müssen ihre Geschichten nicht in die Länge ziehen, die Shortstory liegt ihnen sowieso am meisten. Sie führen gern Tagebuch, geben es aber selten aus der Hand, denn sie möchten auf jeden Fall verhindern, dass jemand ihre geheimsten Gedanken kennt.

Rezepte, Lieblings- Hausmannskost haben sie schnell über, aber auch der Döner reizt sie nicht mehr. Wenn sie selber kochen, bevorzugen sie ungewöhnliche Geschmackskombinationen und probieren vieles aus. Auberginen mit Sirup, Nudeln mit Mohn und Zucker, ein scharfes Steak mit Sahnehäubchen im Apfelmusrand.

Spiele Sie lassen sich zu einer Schachpartie hinreißen und bereuen es schnell wieder. Mit Mensch-ärgere-dich-nicht können sie gar nichts anfangen. Scrabble liegt ihnen am ehesten, wenn sie nicht gerade einen Wassermann vor sich haben und mit ihm pokern.

Landet bei ihnen schnell in der Mülltonne, weil sie damit nichts anfangen können. Manche Zwillinge haben allerdings ganze Keller und Gerümpelkammern voll davon, weil sie vermuten, man kann irgendwann alles mal gebrauchen.

Tand und Tinnef

An jedem Urlaubsort sind sie Feuer und Flamme von den dortigen Souvenirs. Freunde und Familienmitglieder beschleichen bei Reiserückkehr der Zwillinge zwiespältige Gefühle, denn sie wissen nicht, wie sie sich vor den Mitbringseln retten sollen. Da Zwillinge aber schnell vergessen, was sie beim letzten Mal mitgebracht haben, ist alles halb so schlimm.

Urlaubsmitbringsel

Ein Fahrrad ist fast ein Muss, ersetzt aber nicht unbedingt das Auto. Zwillinge benutzen auch mal die öffentlichen Verkehrsmittel, weniger aus Umweltbewusstsein, als aus Neugier und wegen der Abwechslung.

Verkehrsmittel

Zwillinge mixen sich gern ihre eigenen Duftstoffe zusammen. Ihre beachtliche Sammlung verschiedenster Öle und Essenzen ermöglicht ihnen das. Selbst wenn sie wollten, sie träfen dabei niemals den gleichen Duft zweimal. Das macht ihnen aber nur dann etwas aus, wenn sie mit einer bestimmten Note besonders großen Anklang gefunden haben.

Wohlgerüche

Magazine und Zeitungen kaufen sie gewöhnlich mehr, als sie überhaupt Zeit zum Lesen haben. Ihnen genügt es oft, darin zu blättern. Da sie schnell alle wichtigen Ereignisse und auch kleine Schmonzetten erfassen, sind sie stets auf dem Laufenden und können überall mitreden, ob es die gestrige Bundestagsdebatte oder der neue Lover einer der monegassischen Prinzessinnen ist.

Zeitschriften und Zeitungen

Dieses Buch wurde auf chlorfrei gebleichtem und säurefreiem Papier gedruckt.

Der Text dieses Buches entspricht den Regeln der neuen deutschen Rechtschreibung.

Sie finden uns im Internet: www.falken.de

ISBN 3 8068 1903 3

Umschlaggestaltung und Layout: Rincon², Design & Produktion GmbH, Köln
Titelbild: Rincon², Design & Produktion GmbH, Köln/Mark Klinnert
Zeichnungen: Rincon², Design & Produktion GmbH, Köln/ Mark Klinnert
Redaktion: Thomas Wieke, Markus Hederer
Herstellung: Sabine Vogt

Die Ratschläge in diesem Buch sind vom Verlag sorgfältig erwogen und geprüft, dennoch kann eine Garantie nicht übernommen werden. Eine Haftung des Verlags und seiner Beauftragten für Personen-, Sach- und Vermögensschäden ist ausgeschlossen.

Satz: FALKEN Verlag, Niedernhausen/Ts.
Druck: Ernst Uhl, Radolfzell

817 2635 4453